微观经济学
习题册

2025年修订

西方经济学教研室　主编

编写成员　周　宁　黄雪琴　陈　杰
　　　　　吕文慧　郑章鑫　曾　艳
　　　　　常　雪　苏华山　叶丽芳
　　　　　刘　余　吴　昊　华中昱
　　　　　陈博欧　仲崇阳　孟　浩

南京大学出版社

图书在版编目(CIP)数据

微观经济学习题册 / 西方经济学教研室主编. —— 南京：南京大学出版社，2020.10(2025.8 重印)
 ISBN 978-7-305-23528-3

Ⅰ. ①微… Ⅱ. ①西… Ⅲ. ①微观经济学－高等学校－习题集 Ⅳ. ①F016-44

中国版本图书馆 CIP 数据核字(2020)第 183210 号

出版发行	南京大学出版社
社　　址	南京市汉口路 22 号　　邮　编　210093

书　　名	**微观经济学习题册** WEIGUAN JINGJIXUE XITICE
主　　编	西方经济学教研室
责任编辑	王日俊

照　　排	南京南琳图文制作有限公司
印　　刷	南京新洲印刷有限公司
开　　本	718 mm×1000 mm　1/16　印张 10　字数 179 千
版　　次	2020 年 10 月第 1 版　2025 年 8 月第 5 次印刷

ISBN 978-7-305-23528-3

定　　价	28.00 元

网址：http://www.njupco.com
官方微博：http://weibo.com/njupco
官方微信号：njupress
销售咨询热线：(025) 83594756

* 版权所有，侵权必究
* 凡购买南大版图书，如有印装质量问题，请与所购
　图书销售部门联系调换

目 录

第一章 需求、供给和均衡价格 ………………………………………… 1
   第一节 供需与局部均衡 ………………………………………… 1
   第二节 弹性及其应用 …………………………………………… 7

第二章 消费者选择 ……………………………………………………… 15
   第一节 基数效用论 ……………………………………………… 15
   第二节 序数效用论 ……………………………………………… 26

第三章 企业的生产和成本 ……………………………………………… 37
   第一节 短期生产函数 …………………………………………… 37
   第二节 长期生产函数 …………………………………………… 50
   第三节 短期成本 ………………………………………………… 61
   第四节 长期成本 ………………………………………………… 72

第四章 完全竞争市场 …………………………………………………… 82
   第一节 完全竞争企业的短期均衡 ……………………………… 82
   第二节 完全竞争企业的长期均衡 ……………………………… 100

第五章 不完全竞争市场 ………………………………………………… 111
   第一节 垄 断 …………………………………………………… 111
   第二节 垄断竞争与寡头 ………………………………………… 122

第六章 生产要素市场和收入分配 ……………………………………… 134

第七章 一般均衡和效率 ………………………………………………… 146

客观题答案 ……………………………………………………………… 153

第一章 需求、供给和均衡价格

第一节 供需与局部均衡

一、选择题

1. 西方经济学的一个基本假设条件是(　　)。
   A. 性本善的假设　　　　　　B. 理性人的假设
   C. 性本恶的假设　　　　　　D. 社会人的假设

2. 1979年至2023年,我国经济年均增长8.9%,远高于同期世界经济3%的增速水平。这一结论属于(　　)。
   A. 既非实证分析也非规范分析　　B. 实证分析与规范分析相结合
   C. 规范分析　　　　　　　　　D. 实证分析

3. 需求规律表明(　　)。
   A. 随着汽油的价格提高,对小汽车的需求量将下降
   B. 药品的价格上涨会使药品的质量得到提高
   C. 计算机的价格下降会引起其需求量增加
   D. 随着乒乓球价格下降,对球拍的需求量会增加

4. 下列因素不会使需求曲线移动的是(　　)。
   A. 购买者偏好改变　　　　　B. 商品价格下降
   C. 相关商品价格下降　　　　D. 消费者收入上升

5. 若某时期消费者对空调的需求量沿着需求曲线突然增加,可能原因是(　　)。
   A. 持续高温天气　　　　　　B. 预期空调价格上涨
   C. 空调价格大幅下跌　　　　D. 以上原因都有可能

6. 经济学的核心问题是(　　)。
   A. 消费者的需求如何降低　　B. 资源如何合理配置
   C. 政府计划如何实施　　　　D. 企业如何经营管理

7. 在某一时期内,彩色电视机的需求曲线向左平移的原因是(　　)。
   A. 彩色电视机的价格上升
   B. 消费者对彩色电视机的预期价格上升
   C. 消费者对彩色电视机的预期价格下降
   D. 黑白电视机的价格上升

8. 某月内,X 商品的替代品和互补品价格均上升,分别引起 X 商品的需求量变动为 50 单位和 80 单位,则它们共同作用下该月 X 商品需求数量(　　)。
   A. 增加 30 单位　　　　　　　B. 减少 30 单位
   C. 增加 130 单位　　　　　　 D. 减少 130 单位

9. 当新能源汽车补贴下降时,对燃油车的需求将(　　)。
   A. 减少　　　B. 保持不变　　C. 增加　　　D. 不一定

10. 当毛坯房的价格急剧上升时,对房屋装修的需求将(　　)。
    A. 减少　　　B. 保持不变　　C. 增加　　　D. 不一定

11. 汽车的需求曲线向右下方倾斜,若汽油价格上升,则(　　)。
    A. 汽车的需求量上升　　　　B. 汽车的需求量下降
    C. 汽车的需求曲线左移　　　D. 汽车的需求曲线右移

12. 如果甲商品价格上升引起乙商品需求曲线向左方移动,那么(　　)。
    A. 甲和乙是替代品　　　　　B. 甲和乙是互补品
    C. 甲和乙是无关商品　　　　D. 以上都正确

13. 如果消费者收入增加引起对地摊商品的需求减少,那么,地摊商品是(　　)。
    A. 互补品　　B. 替代品　　　C. 正常商品　　D. 低档商品

14. 在得到某棉花种植户的供给曲线时,下列除(　　)因素以外其余均保持常数。
    A. 技术水平　　　　　　　　B. 棉花种植面积
    C. 棉花价格　　　　　　　　D. 土壤肥沃程度

15. 由供给规律,我们可以直接得到的结论是(　　)。
    A. 生产技术提高会使得商品的价格下降
    B. 生产商品的成本增加,该商品的价格上升
    C. 商品价格越高,生产者对商品的供给量越大
    D. 消费者收入增加,该商品供给量增加

16. 假定其他条件不变,AI 技术降低芯片设计成本,则芯片的(　　)。
    A. 需求曲线向右移动　　　　B. 需求曲线向左移动

C. 供给曲线向左移动　　　　　D. 供给曲线向右移动

17. 除了(　　)，以下的各项因素都使手表供给曲线向右移动。
    A. 手表价格上升　　　　　　B. 制造手表的技术进步
    C. 制造手表的工人工资下降　　D. 制造手表的原材料价格下降

18. 一种商品价格下降对其替代品最直接的影响是(　　)。
    A. 替代品的需求曲线向左移动　B. 替代品的需求曲线向右移动
    C. 替代品的供给曲线向右移动　D. 替代品的价格下降

19. 若新能源汽车需求激增，同时锂电池成本下降，则均衡(　　)。
    A. 价格必然上升　　　　　　B. 数量必然增加
    C. 价格变化不确定　　　　　D. 数量必然减少

20. 如果一种商品价格高于均衡价格，那么(　　)。
    A. 存在过剩，而且价格将上升　B. 存在过剩，而且价格将下降
    C. 存在短缺，而且价格将上升　D. 存在短缺，而且价格将下降

21. 如果大豆市场成交数量不变，而市场价格上升，则可能的原因是(　　)。
    A. 需求增加与供给增加的幅度相等
    B. 需求减少与供给减少的幅度相等
    C. 需求减少与供给增加的幅度相等
    D. 需求增加与供给减少的幅度相等

22. 假设小麦的买者和卖者都预期近期内小麦价格将上升。我们预期今天的小麦市场上均衡价格和数量会发生什么变动？(　　)
    A. 对价格和数量的影响是无法确定的
    B. 价格将上升，数量是不确定的
    C. 价格将上升，数量将增加
    D. 价格将上升，数量将减少

23. 导致某地区蔬菜均衡价格上升的原因是(　　)。
    A. 居民收入下降　　　　　　B. 遭台风来袭
    C. 气候条件改善　　　　　　D. 以上各项都不是

24. 只有在何种情况发生时，供给会小于需求？(　　)
    A. 实际价格低于均衡价格　　B. 实际价格高于均衡价格
    C. 实际价格等于均衡价格　　D. 消除了稀缺性

25. 若猪肉需求函数为$Q_d=90-2P$，供给函数为$Q_s=10+3P$，均衡价格是(　　)。

　　　　A. 10　　　　　B. 12　　　　　C. 16　　　　　D. 18

26. 市场处于均衡状态时,(　　)。

　　A. 在该价格水平下,买方和卖方可以购买或出售他们所期望的数量

　　B. 价格保持稳定,不会自动下降或上升

　　C. 供给量等于需求量

　　D. 以上选项都正确

27. 如果消费者突然偏好某商品,而此商品的生产技术有大的改进,可以预料该商品的需求曲线和供给曲线(　　)。

　　A. 都向右移动并使均衡价格和产量下降

　　B. 都向右移动并使均衡价格和产量提高

　　C. 都向左移动并使均衡价格上升而均衡产量下降

　　D. 都向右移动并使均衡产量增加,但均衡价格的变动不确定

28. 如果商品 X 和商品 Y 是互补品,则商品 X 的价格上升将造成(　　)。

　　A. 商品 X 的需求曲线向右移动　　B. 商品 X 的需求曲线向左移动

　　C. 商品 Y 的需求曲线向右移动　　D. 商品 Y 的需求曲线向左移动

29. 当政府控制一种商品的价格,导致该商品的价格高于市场均衡价格,那么(　　)。

　　A. 所有生产者都会获益　　B. 生产者和消费者都会获益

　　C. 只有部分卖家能找到买家　　D. 只有消费者获益

30. 政府通过了一项规定,这项规定会提高医院的治疗成本,但会使医疗效果提高,人们更愿意看病。那么,这项规定会使医疗市场(　　)。

　　A. 供给曲线向左移动,需求曲线向右移动

　　B. 需求曲线和供给曲线都向左移动

　　C. 供给曲线向右移动,需求曲线向左移动

　　D. 需求曲线和供给曲线都向右移动

二、判断题(正确的填"A",错误的填"B")

31. 由市场配置资源意味着稀缺的物品售卖给那些出价最高的人。(　　)

32. 如果高尔夫俱乐部和高尔夫球是互补品,高尔夫俱乐部价格上升将使高尔夫球的需求减少。(　　)

33. 若企业引入 AI 客服替代人工,服务市场劳动力需求曲线右移。(　　)

34. 多地推行保障性住房"以购代建",直接刺激开发商使商品房供给量沿供给曲线增加。(　　)

35. 如果可口可乐和百事可乐是替代品,可口可乐价格上升将引起百事可乐市场均衡价格和均衡数量上升。（ ）
36. 正常商品指的是这样一种商品,在其他条件相同时,收入的上升通常会引起这种商品需求的增加。（ ）
37. 市场供给曲线是单个厂商供给曲线的水平加总。（ ）
38. 在旅游旺季,酒店房间价格大幅上涨,这违背了需求定理。（ ）
39. 政府对环保行业的税收优惠,会导致环保行业产品供给的增加。（ ）
40. 央行降息降低房企融资成本,新房供给曲线向右移动。（ ）

三、作图分析题

41. 作图说明需求量(供给量)的变动与需求(供给)的变动。

四、简答题

42. 影响商品需求数量的因素有哪些？这些因素与需求数量有什么关系？

43. 影响商品供给数量的因素有哪些？这些因素与供给数量有什么关系？

五、计算题

44. 已知某一时期内某商品的需求函数为 $Q_d = 50 - 5P$，供给函数为 $Q_s = -10 + 5p$。

(1) 求均衡价格 P_e 和均衡数量 Q_e。

(2) 假定供给函数不变，由于消费者收入水平提高，使需求函数变为 $Q_d = 60 - 5P$。求出相应的均衡价格 P_e 和均衡数量 Q_e。

(3) 假定需求函数不变，由于生产技术水平提高，使供给函数变为 $Q_s = -5 + 5p$。求出相应的均衡价格 P_e 和均衡数量 Q_e。

六、案例分析

45. 近年来，政府不仅对新能源汽车生产企业给予研发补贴，还对购买新能源汽车的消费者提供购车补贴。同时，科技的进步使得电池续航技术取得显著突破，大大提升了新能源汽车的性能。请思考并回答以下问题：

(1) 政府对消费者购车补贴以及电池续航技术突破分别会对新能源汽车的需求和供给产生怎样的影响？请分析其具体机制。

(2) 在上述因素共同作用下，新能源汽车市场的均衡价格和均衡数量可能会发生怎样的变化？请结合供求理论进行详细阐述。

第二节 弹性及其应用

一、选择题

1. 芯片进口受阻,导致国产手机( )。
   A. 供给下降　　　　　　　　B. 供给增加
   C. 供给量下降　　　　　　　D. 供给量增加

2. 就线性需求函数而言,在给定价格和需求量条件下,需求曲线越陡直,需求价格弹性( )。
   A. 越小　　B. 越大　　C. 为零　　D. 以上都不对

3. 一般来说,需求曲线越平坦,越可能的情形是( )。
   A. 富有价格弹性　　　　　　B. 缺乏价格弹性
   C. 单位价格弹性　　　　　　D. 以上各项都不对

4. 下列商品中需求的价格弹性最小的是( )。
   A. 小汽车　　B. 服装　　C. 食盐　　D. 化妆品

5. 当直线型需求曲线上的点沿着需求曲线向右下方移动时,需求的价格弹性(绝对值)将如何变化?( )
   A. 逐渐变大　　　　　　　　B. 逐渐变小
   C. 先逐渐变小后又逐渐变大　D. 先逐渐变大后又逐渐变小

6. 如果一条线性的需求曲线与一条曲线型的需求曲线相切,则在切点处两条需求曲线的需求价格弹性系数( )。
   A. 不相同　　　　　　　　　B. 可能相同
   C. 相同　　　　　　　　　　D. 根据切点的位置而定

7. 下列关于线性需求曲线的说法中,正确的是( )。
   A. 需求曲线越是接近水平,越是靠近价格坐标轴上端,就越富有弹性
   B. 需求曲线越是接近水平,越是靠近价格坐标轴上端,就越缺乏弹性
   C. 需求曲线越是接近垂直,越是靠近价格坐标轴下端,就越富有弹性
   D. 以上说法都不正确

8. 从图形上看,线性需求曲线越是接近垂直,并且越是靠近价格坐标的下端,就( )。
   A. 越富有弹性　　　　　　　B. 越缺乏弹性
   C. 为零　　　　　　　　　　D. 以上都不对

9. 当需求曲线为富有弹性时,应该采取(　　)的策略,才可以获得更多收入。
　　A. 保持价格不变　　　　　　B. 提高价格
　　C. 降低价格　　　　　　　　D. 以上都可以

10. 如果消费者认为一种商品很少有替代品,那么(　　)。
　　A. 供给将是富有价格弹性的　　B. 供给将是缺乏价格弹性的
　　C. 需求将是富有价格弹性的　　D. 需求将是缺乏价格弹性的

11. 如果一个渔民在鱼腐烂之前要以他能得到的任何一种价格把当天捕到的鱼卖出去,一旦捕到了鱼,鲜鱼的供给价格弹性就是(　　)。
　　A. 0　　　　　　B. 1　　　　　　C. 无限大
　　D. 不能根据这个信息来判断

12. 对于任意一条斜率为正、且与价格轴相交的线性供给曲线,其弹性系数(　　)。
　　A. 为零　　　　　　　　　　B. 等于1
　　C. 大于1　　　　　　　　　D. 等于任一常数

13. 某商场中某品牌女装经常打折,说明该商品需求(　　)。
　　A. 富有价格弹性　　　　　　B. 0弹性
　　C. 缺乏价格弹性　　　　　　D. 缺乏收入弹性

14. 某商品供给曲线是一过原点的直线,则其供给的价格弹性(　　)。
　　A. 随价格的变化而变化　　　B. 恒为1
　　C. 为其斜率值　　　　　　　D. 不可确定

15. 某商品的市场供给曲线是一条过原点的非水平直线,则其供给的价格弹性是(　　)。
　　A. 无限弹性　　B. 单位弹性　　C. 富有弹性　　D. 缺乏弹性

16. 如果某一种商品的需求的收入弹性系数小于0,该商品是(　　)。
　　A. 必需品　　B. 低档品　　C. 奢侈品　　D. 中性商品

17. 如果对某一种商品的需求的收入弹性系数大于1,该商品是(　　)。
　　A. 必需品　　B. 低档品　　C. 奢侈品　　D. 中性商品

18. 适宜薄利多销的商品(　　)。
　　A. 富有价格弹性　　　　　　B. 0弹性
　　C. 缺乏价格弹性　　　　　　D. 缺乏收入弹性

19. 如果某商品的需求收入弹性小于0,则该商品是(　　)。
　　A. 必需品　　B. 奢侈品　　C. 正常商品　　D. 劣等商品

20. 线性需求曲线 $Q=5-P$，则 $P=1$ 时，需求价格弹性（绝对值）等于（　　）。

　　A. 2　　　　B. 1　　　　C. 0.5　　　　D. 0.25

21. 当 X、Y 两种商品中 X 的价格发生变动时，所引起的这两种商品需求量的变化方向相同，则这两种商品的需求交叉弹性系数为（　　）。

　　A. 0　　　　B. 1　　　　C. 正　　　　D. 负

22. 牛奶价格上升一般会导致（　　）。

　　A. 牛奶需求曲线右移　　　　　　B. 面包等牛奶互补品需求增加
　　C. 豆浆等牛奶替代品需求减少　　D. 豆浆等牛奶替代品需求增加

23. 下列哪一项不是黄油市场需求曲线右移的原因（　　）。

　　A. 消费者收入增加　　　　B. 面包价格上升
　　C. 人造奶油价格上升　　　D. 人口大量增加

24. 政府对卖者出售的商品每单位征税 5 美元，假定这种商品的需求价格弹性为 0，可以预料价格的上升（　　）。

　　A. 小于 5 美元　　　　　B. 等于 5 美元
　　C. 大于 5 美元　　　　　D. 不可确定

25. 政府对某种商品实施最低限价，这种商品往往（　　）。

　　A. 供不应求　　B. 供过于求　　C. 供求相等　　D. 无法判断

26. 如果两种商品之间的交叉价格弹性是负的，那么，这两种商品很可能是（　　）。

　　A. 奢侈品　　　B. 必需品　　　C. 互补品　　　D. 替代品

27. 如果某商品的价格下降 10% 引起销售量增加 5%，那么需求曲线上这一区域内的需求价格弹性为（　　）。

　　A. 富有弹性　　　　　　　　　B. 具有单位弹性
　　C. 缺乏弹性，但不是完全无弹性　D. 完全无弹性

28. 长期而言，寻找某种商品的合适替代品会比短期而言更加（　　），这也导致需求的价格弹性在长期而言可能（　　）。

　　A. 容易，较低　B. 困难，较高　C. 容易，较高　D. 困难，较低

29. 在某个市场上供给减少（向左移动）会带来总收益增加的条件是（　　）。

　　A. 供给是富有价格弹性　　　B. 供给是缺乏价格弹性
　　C. 需求是富有价格弹性　　　D. 需求是缺乏价格弹性

30. 使农产品供给向右移动的农业技术进步会（   ）。
   A. 减少农民整体的总收益,因为食物的需求是缺乏弹性
   B. 减少农民整体的总收益,因为食物的需求是富有弹性
   C. 增加农民整体的总收益,因为食物的需求是缺乏弹性
   D. 增加农民整体的总收益,因为食物的需求是富有弹性

二、判断题（正确的填"A",错误的填"B"）

31. 如果一种商品的需求量对该商品价格的变动敏感,可以说需求缺乏价格弹性。   （   ）
32. 对轮胎的需求应该比对米其林牌轮胎的需求更缺乏弹性。（   ）
33. 吉芬商品因缺乏弹性导致其需求曲线呈正斜率。   （   ）
34. 一个商品的替代品越多,则该商品的需求价格弹性系数越大。（   ）
35. 当需求缺乏价格弹性时,消费总支出与价格变动方向一致,而需求数量与价格变动方向相反。   （   ）
36. 如果某种商品的需求收入弹性大于1,那么当收入上升时,这种商品的需求量要增加。   （   ）
37. 同一条直线型需求曲线上的弹性值是不同的。   （   ）
38. 某种商品越容易被替代,该商品的需求也就越缺乏价格弹性。（   ）
39. 假定A、B两种商品的交叉价格弹性为－1.8,那么这两种商品一定是互补品。   （   ）
40. 如果对小麦的需求缺乏弹性,小麦丰收将减少农民的收入。（   ）

三、作图分析题

41. 作图说明需求价格弹性的五种类型。

42. 作图说明富有供给价格弹性和缺乏供给价格弹性的情形。

四、简答题

43. 一种商品需求价格弹性的大小主要受哪些因素影响？这些因素对需求价格弹性的具体影响是怎样的？

44. 试用供求理论和弹性理论解释"丰产不一定丰收",作图说明。

五、计算题

45. 某消费者对汽车需求的价格弹性 $e_d=1.2, e_m=3.0$。计算：
(1) 其他条件不变,价格提高 3% 对需求数量的影响。
(2) 其他条件不变,收入增加 2% 对需求数量的影响。

46. 假定下表是需求函数 $Q_d = 500 - 100P$ 在一定价格范围内的需求表：

某商品的需求表

价格(元)	1	2	3	4	5
需求量	400	300	200	100	0

(1) 求出价格 2 元和 4 元之间的需求的价格弧弹性。

(2) 根据给出的需求函数，求 $P=2$ 时的需求的价格点弹性。

47. 假定下表是供给函数 $Q_s = -2 + 2P$ 在一定价格范围内的供给表。

某商品的供给表

价格(元)	2	3	4	5	6
供给量	2	4	6	8	10

(1) 求出价格 3 元和 5 元之间的供给的价格弧弹性。

(2) 根据给出的供给函数，求 $P=3$ 时的供给的价格点弹性。

六、案例分析

48. "双十一"网购狂欢节是指每年 11 月 11 日的网络促销日。在这一天,许多商家会进行大规模促销活动。

(1) 请运用弹性知识,并作图分析商家如何选择促销商品?

(2) 在促销期间,很多商品打折销售,真的像商家那样说的"赔本赚吆喝"吗?请画图分析商家促销利润。

(3) 请分析"双十一"促销中影响需求的因素。

第二章 消费者选择

第一节 基数效用论

一、选择题

1. 基数效用论认为,效用(   )。
   A. 可排序但不可量化   B. 可精确计量
   C. 取决于他人评价   D. 与价格无关

2. 小莉从商品与劳务消费中得到的好处被称为(   )。
   A. 边际效用   B. 效用   C. 消费需求   D. 消费者均衡

3. 对于一种商品,消费者得到了最大满足,这意味着(   )。
   A. 边际效用最大   B. 总效用为零
   C. 边际效用为零   D. 总效用为正

4. 一种商品的边际效用是指(   )。
   A. 对该商品最后一次使用
   B. 等于该商品的价格
   C. 消费该商品的总效用与消费所有其他商品的总效用之比
   D. 多消费1单位该商品所获得的额外的或新增的效用

5. 如果消费1单位、2单位、3单位和4单位的商品B,那么下列哪一个总效用数字的组合表示了边际效用递减规律?(   )
   A. 200,300,400,500   B. 200,450,750,1 100
   C. 200,400,1 600,9 600   D. 200,250,270,280

6. 小明吃第5个包子时边际效用为10,吃第6个时为5,说明(   )。
   A. 总效用递增速度加快   B. 边际效用递增
   C. 边际效用递减   D. 总效用开始下降

7. 总效用曲线达到顶点时,(   )。
   A. 边际效用曲线达到最大点   B. 边际效用为零

C. 边际效用为正　　　　　　　D. 边际效用为负

8. 某消费者逐渐增加某商品的消费量,直至达到效用的最大化,在这过程中,该商品的(　　)。

　　A. 总效用和边际效用不断增加

　　B. 总效用不断下降,边际效用不断增加

　　C. 总效用和边际效用不断减少

　　D. 总效用不断增加,边际效用不断减少

9. 边际效用递减规律成立的前提是(　　)。

　　A. 其他商品消费量不变　　　B. 生产技术不变

　　C. 消费者收入不变　　　　　D. 价格不变

10. 小强用收入的 100 元购买 X 和 Y 商品,其中,商品 X 的价格 10 元,商品 Y 的价格 3 元。假定他打算购买 7 单位的 X 和 10 单位的 Y,这时商品的边际效用分别是 50 和 18,如要获得最大效用,小强应该(　　)。

　　A. 停止购买

　　B. 增加购买 X,减少 Y 购买的量

　　C. 减少 X 的购买量,增购 Y

　　D. 同时增加购买 X 和 Y

11. 马莉的消费选择处于消费者均衡状态,其中,最后 1 个苹果的边际效用为 10,最后 1 根香蕉的边际效用为 5。如果每个苹果的价格为 2 元,则每根香蕉的价格应是(　　)。

　　A. 0.1 元　　　B. 0.25 元　　　C. 0.5 元　　　D. 1 元

12. 设某一消费者对两种商品的消费有这样的关系:$MU_X/P_X < MU_Y/P_Y$,为使他得到的效用最大,他将(　　)。

　　A. X、Y 的价格不变,增加 X 的购买量,减少 Y 的购买量

　　B. X、Y 的价格不变,增加 Y 的购买量,减少 X 的购买量

　　C. 仅当 X 的价格降低时,才有可能增加 X 的购买

　　D. 仅当 Y 的价格降低时,才有可能增加 Y 的购买

13. 若货币的效用大于消费者所购入的商品的效用,该消费者会(　　)。

　　A. 停止购买　　　　　　　　B. 继续购买

　　C. 扔掉已经买入的商品　　　D. 大量购买

14. 已知一元钱的边际效用为 3 个单位,一支钢笔的边际效用为 36 个单位,则消费者愿意用(　　)来买这支钢笔。

　　A. 12 元　　　B. 36 元　　　C. 3 元　　　D. 108 元

15. 消费者均衡时,若商品 A 价格上升,其他条件不变,则( )。
    A. 商品 A 的边际效用增加　　B. 商品 A 的每元边际效用增加
    C. 减少商品 A 消费量　　　　D. 增加商品 A 消费量

16. 消费者均衡条件是( )。
    A. 每种商品的边际效用相等　　B. 每种商品的每元边际效用相等
    C. 每种商品的总效用相等　　　D. 预算全部用完即可

17. 若汉堡边际效用为 20、价格 15 元,沙拉边际效用为 15、价格 10 元。理性选择是( )。
    A. 汉堡每元 MU 更高,选汉堡　　B. 沙拉每元 MU 更高,选沙拉
    C. 两者无差异　　　　　　　　　D. 总效用相同

18. 下列哪种情况不属于消费者均衡的条件?( )
    A. $MUx/Px = MUy/Py$
    B. $MU = \lambda P$
    C. 货币在每种用途上的边际效用相等
    D. 各种商品的边际效用相等

19. 消费者剩余是消费者( )。
    A. 得到的总效用
    B. 没有购买的部分
    C. 消费剩余的部分
    D. 得到的总效用减去支出的效用的货币度量

20. 假设某消费者购买第一杯咖啡愿意支付 10 元,第二杯愿意支付 8 元,第三杯愿意支付 6 元。若市场价格为 7 元一杯,该消费者购买两杯咖啡的消费者剩余是( )。
    A. 3 元　　　　B. 4 元　　　　C. 5 元　　　　D. 6 元

21. 消费者剩余是( )。
    A. 在供给曲线以上和价格线以下的面积
    B. 在供给曲线以下和价格线以上的面积
    C. 在需求曲线以上和价格线以下的面积
    D. 在需求曲线以下和价格线以上的面积

22. 一种商品的价格沿着一条不变的需求曲线上升将( )。
    A. 增加消费者剩余　　B. 减少消费者剩余
    C. 增加买者的物质福利　D. 提高市场效率

23. 如果消费者对某种商品的支付意愿普遍提高(需求曲线向右上移动),在其他条件不变的情况下,该商品的消费者剩余会(　　)。

　　A. 增加　　　　B. 减少　　　　C. 不变　　　　D. 不确定

24. 消费者剩余衡量的是(　　)

　　A. 生产者从交易中获得的净收益

　　B. 消费者从交易中获得的净收益或福利

　　C. 政府从税收中获得的收入

　　D. 市场的总效率损失

25. 如果某种商品的需求曲线是垂直的(完全无弹性),那么当供给增加导致价格下降时,消费者剩余的变化是(　　)

　　A. 增加　　　　B. 减少　　　　C. 不变　　　　D. 不确定

26. 根据下表 2-1 中的数据回答,表中 n 的值是(　　)。

　　A. 38　　　　B. 48　　　　C. 53　　　　D. 63

表 2-1

数　量	总效用	边际效用
0	0	0
1	20	20
2	m	18
3	n	15
4	63	p

27. 表 2-1 中的 p 值是(　　)。

　　A. 10　　　　B. 13　　　　C. 15　　　　D. 22

28. 根据表 2-2,当汤姆一周用 4 元购买两种商品时,其购买两商品的组合是(　　)。

　　A. 2 单位西红柿

　　B. 2 单位黄瓜与 1 单位西红柿

　　C. 4 单位黄瓜

　　D. 无法确定

表 2-2　汤姆一周内对西红柿和黄瓜消费的相关数据

西红柿(价格 2 元)		黄瓜(价格 1 元)	
数量	总效用	数量	总效用
1	20	1	14
2	32	2	24
3	42	3	32
4	48	4	37
5	52	5	40
6	54	6	42

29. 根据表 2-2,当汤姆一周用 13 元购买两种商品时,效用最大化的消费是(　　)。

　　A. 6 单位西红柿与 1 单位黄瓜　　B. 5 单位西红柿与 3 单位黄瓜

　　C. 4 单位西红柿与 5 单位黄瓜　　D. 3 单位西红柿与 7 单位黄瓜

30. 以下哪种情况会导致消费者剩余减少?(　　)

　　A. 生产技术进步导致商品成本下降

　　B. 消费者对该商品的偏好增强

　　C. 政府对该商品征收消费税

　　D. 替代品的价格上涨

二、判断题(正确的填"A",错误的填"B")

31. 一消费者购买商品时,如果他认为甲商品比乙商品更急需,主要原因是乙商品是一种紧缺品。　　　　　　　　　　　　　　　　　　　　(　　)

32. 边际效用递减规律告诉我们,理性的人不可能只吃一种食物充饥。

　　　　　　　　　　　　　　　　　　　　　　　　　　　　　(　　)

33. 若商品 A 的边际效用是商品 B 的 2 倍,则消费者应多买 A。　(　　)

34. 一切商品对消费者的边际效用都是递减的。　　　　　　　　(　　)

35. 同一杯水具有相同的效用。　　　　　　　　　　　　　　　(　　)

36. 边际效用递减意味着总效用一定减少。　　　　　　　　　　(　　)

37. 两种商品的价格不相同,但对消费者来说,这两种商品每元的边际效用可能相同。　　　　　　　　　　　　　　　　　　　　　　　　　(　　)

38. 免费商品的消费量应使边际效用最大化。　　　　　　　　　(　　)

39. 需求曲线弹性越小,则价格下降引起的消费者剩余增加得越多。
   (   )

40. 总效用最大时,边际效用必定为零。
   (   )

三、作图分析题

41. 作图分析总效用与边际效用的关系。

42. 假设校园超市瓶装水的需求函数为 $Q_d = 12 - P$,其中,Q_d 为日需求量(百瓶),P 为价格(元/瓶)。市场当前均衡价格 $P^* = 4$ 元,均衡数量 $Q^* = 8$(百瓶)。

请在坐标系中画出需求曲线(横轴:数量 Q,纵轴:价格 P),标注均衡点,画出消费者剩余区域,计算 CS 的具体数值。

四、简答题

43. 什么是边际效用递减规律？在此基础上的消费者均衡条件是什么？

44. 钻石用处极小而价格昂贵，生命必不可少的水却非常便宜。请用边际效用理论加以解释。

45. 小明吃了一包巧克力饼干(共6块)。每吃一块的满足感如下：第1块：满足感40单位；第2块：满足感30单位；第3块：满足感20单位；第4块：满足感10单位；第5块：满足感5单位；第6块：满足感0单位。请问：

(1) 分别计算小明吃第3块饼干时的边际效用和3块饼干的总效用。

(2) 说明这些数据如何体现边际效用递减规律。

(3) 解释为什么小明吃第6块时满足感为0?

五、计算题

46. 若甲的效用函数为 $U=XY$,试问:

(1) $X=40, Y=5$ 时,他得到的效用是多少?

(2) 若甲给乙 25 单位 X,乙愿意给甲 15 单位 Y 进行这个交换,甲所得到的满足会比 $(40,5)$ 的组合高吗?

(3) 乙用 15 单位 Y 同甲交换 X,为使甲的满足与 $(40,5)$ 组合相同,他最多只能得到多少单位 X?

47. 某人每月 120 元可花费在 X 和 Y 两种商品上,他的效用函数为 $U=XY$, $P_x=2$ 元, $P_y=3$ 元。请问:

(1) 为获得最大效用,他会购买几单位 X 和 Y?

(2) 货币的边际效用是多少?

(3) 假如 X 的价格提高 44%, Y 的价格不变,为使他保持原有的效用水平,收入必须增加多少?

48. 已知某消费者每年用于商品 1 和商品 2 的收入为 540 元,两商品的价格分别为 $P_1=20$ 元和 $P_2=30$ 元,该消费者的效用函数为 $U=3X_1X_2^2$。

请问:(1) 该消费者每年购买这两种商品的数量各应是多少?

(2) 每年从中获得总效用是多少?

49. 假定某消费者的效用函数为 $U=X_1^{\frac{3}{8}}X_2^{\frac{5}{8}}$,两商品的价格分别为 P_1, P_2,消费者的收入为 M。

分别求该消费者关于商品 1 和商品 2 的需求函数。

50. 小张每周有 60 元用于购买奶茶(10 元/杯)和蛋糕(20 元/块)。她从奶茶和蛋糕的消费中获得的效用如下：

消费量	1 杯奶茶	2 杯奶茶	3 杯奶茶	4 杯奶茶	5 杯奶茶
总效用	50	90	119	147	172
消费量	1 块蛋糕		2 块蛋糕		
总效用	80		140		

问题：

(1) 计算奶茶和蛋糕的边际效用(MU)及每元边际效用(MU/P)。

(2) 若小张追求效用最大化，她应如何分配 60 元预算？说明理由。

(3) 若奶茶价格降至 8 元/杯，她的最优消费组合会如何变化？

51. 大学生小李每天有 4 小时自由时间，用于学习(L)和娱乐(E)，其效用函数为 $TU=10L+24E-0.5L^2-2E^2$ (L、E 单位为小时)，请问：

(1) 计算学习与娱乐的边际效用函数(MU_L 和 MU_E)。

(2) 为实现效用最大化，小李应如何分配 4 小时？

(3) 若娱乐的边际效用提升为 $MU_E=24-3E$，最优分配会如何改变？

六、综合分析题

52. 某城市网约车市场在早晚高峰时段实行动态定价。假设乘客小张的通勤需求曲线为 $Q_d=12-0.5P$（Q_d：每月通勤次数，P：单次价格/元），市场初始均衡价 $P_0=16$ 元。为缓解拥堵，平台在高峰时段实施基础价为 20 元的定价策略。请问：

(1) 计算初始均衡下小张的消费者剩余（CS），说明其经济含义。

(2) 分析高峰时段乘客的消费者剩余变动，用图形辅助解释。

第二节　序数效用论

一、选择题

1. 序数效用理论认为,不同消费者从相同商品中获得的效用大小(　　)。
   A. 取决于商品的使用价值　　B. 取决于商品的价格
   C. 不可比较　　D. 可以比较

2. 无差异曲线的位置和形状取决于(　　)。
   A. 消费者的偏好　　B. 消费者的收入
   C. 消费者的收入和价格　　D. 以上都包括

3. 无差异曲线为斜率不变的直线时,表示相组合的两种商品是(　　)。
   A. 相关的　　B. 完全替代的
   C. 互补的　　D. 互不相关的

4. 同一条无差异曲线上的不同点表示(　　)。
   A. 购买能力相同
   B. 支出水平相同
   C. 对不同消费者具有相同效用水平
   D. 不同商品组合对同一消费者效用相同

5. 下面哪种情况无差异曲线接近直角?(　　)
   A. 左脚鞋和右脚鞋　　B. 大瓶橙汁和小瓶橙汁
   C. 汽油和汽车　　D. 大米和面粉

6. 垂直的无差异曲线意味着(　　)。
   A. 当消费者增加横轴上的商品消费时,他的满足不会增加
   B. 当消费者增加纵轴上的商品消费时,他的满足不会增加
   C. 当两种商品的消费量都增加时,消费者的满足不会增加
   D. 以上说法都不正确

7. 无差异曲线凸向原点是因为(　　)。
   A. 边际效用递增　　B. 边际替代率递减
   C. 价格比例变化　　D. 总效用恒定

8. 无差异曲线任何一点处 X 和 Y 的边际替代率等于它们的(　　)。
   A. 价格之比　　B. 边际效用之比
   C. 数量之比　　D. 边际成本之比

9. 边际替代率递减意味着消费者偏好关系满足下列哪个假定条件?( )

　　A. 非饱和性　　B. 凸性　　C. 完全性　　D. 可传递性

10. 完全互补品的无差异曲线呈( )。

　　A. 直线　　B. L形　　C. 凹向原点　　D. 密集曲线

11. 某消费者对商品1和商品2的效用函数为 $\min\{2x_1, x_2\}$,则在该消费者看来,( )。

　　A. 这两种商品属于不完全替代品

　　B. 这两种商品属于互补品

　　C. 商品1对商品2的替代比例为1∶2

　　D. 商品2对商品1的替代比例为2∶1

12. 若苹果(X)和香蕉(Y)完全替代,$U=2X+3Y$,$P_X=4$,$P_Y=3$,最优选择是( )。

　　A. 只买苹果　　B. 只买香蕉　　C. 混合购买　　D. 任意组合

13. 某消费者的效用函数为 $u(x,y)=y+5x^5$。他现有1单位商品 x 和2单位商品 y。如果他对商品 x 的消费减少至0,则他需要消费( )单位商品 y 才能使他的状况和原来一样好。

　　A. 14单位　　B. 9单位　　C. 11单位　　D. 7单位

14. 预算线绕着它与横轴(代表商品X的数量)的交点顺时针转动的原因是( )。

　　A. 商品 X 的价格下降　　B. 商品 Y 的价格下降

　　C. 商品 X 和 Y 的价格同时上升　　D. 消费者的收入增加

15. 消费者关于商品 X 和商品 Y 的预算线不取决于( )。

　　A. 他的收入　　B. 商品 X 的价格

　　C. 他对商品 X 和商品 Y 的偏好　　D. 商品 Y 的价格

16. 预算线斜率的经济含义是( )。

　　A. 两种商品效用之比　　B. 两种商品价格之比

　　C. 边际替代率　　D. 消费者偏好强度

17. 设消费者预算线为 $Y=40-0.4X$,对他来说,消费组合 $X=15, Y=30$( )。

　　A. 恰好在其预算线上

　　B. 位于预算线的右上方

　　C. 位于预算线的左下方

D. 可能位于预算线右上方,也可能位于左下方

18. 收入和两种商品的价格以同一比例增加时,预算线( )。

    A. 向右平移

    B. 纵截距、横截距以及斜率均不变

    C. 向左平移

    D. 纵截距、横截距以及斜率都变

19. 如果对于消费者甲来说,以商品 X 替代商品 Y 的边际替代率等于6;对于消费者乙来说,以商品 X 替代商品 Y 的边际替代率等于3,那么有可能发生下述哪种情况?( )

    A. 乙用 X 向甲交换 Y B. 乙用 Y 向甲交换 X

    C. 甲和乙不会交换商品   D. 以上均不正确

20. 已知一件衬衫的价格为80元,一份肯德基快餐的价格为20元,在某消费者关于这两种商品的效用最大化的均衡点上,一份肯德基快餐对衬衫的边际替代率 MRS 是( )。

    A. 4   B. 1/4   C. 1   D. 3/4

21. 由消费者的价格—消费曲线可以推导出消费者的( )。

    A. 无差异曲线   B. 需求曲线

    C. 预算线   D. 恩格尔曲线

22. 若预算线平行外移,说明( )。

    A. 一种商品价格下降   B. 消费者收入增加

    C. 偏好改变   D. 效用水平下降

23. 无差异曲线的斜率被称为( )。

    A. 边际替代率   B. 边际技术替代率

    C. 边际转换率   D. 边际效用

24. 正常商品价格上升导致需求量减少的原因在于( )。

    A. 替代效应使需求量增加,收入效应使需求量减少

    B. 替代效应使需求量增加,收入效应使需求量增加

    C. 替代效应使需求量减少,收入效应使需求量减少

    D. 替代效应使需求量减少,收入效应使需求量增加

25. 当一种商品的价格下降时(假设该商品为正常品),替代效应和收入效应分别会导致需求量( )

    A. 替代效应增加需求,收入效应减少需求

    B. 替代效应减少需求,收入效应增加需求

C. 替代效应和收入效应均增加需求

D. 替代效应增加需求,收入效应不影响需求

26. 低档物品价格下降导致需求量增加的原因在于( )。

A. 替代效应使需求量增加,收入效应使需求量减少

B. 替代效应使需求量增加,收入效应使需求量增加

C. 替代效应使需求量减少,收入效应使需求量减少

D. 替代效应使需求量减少,收入效应使需求量增加

27. 当吉芬商品的价格下降时,替代效应使价格与需求量( )。

A. 同方向变化,收入效应使其反方向变化,且前者的作用小于后者

B. 反方向变化,收入效应使其同方向变化,且前者的作用大于后者

C. 同方向变化,收入效应使其反方向变化,且前者的作用大于后者

D. 反方向变化,收入效应使其同方向变化,且前者的作用小于后者

28. 土豆价格下降时,观察到需求量减少。若该商品是低档品,则( )。

A. 一定是吉芬商品

B. 可能是吉芬商品,但需满足收入效应超过替代效应

C. 不可能是吉芬商品,因为低档品需求曲线向上倾斜

D. 可能是吉芬商品,但需满足替代效应超过收入效应

29. 价格下降的替代效应之所以会引起消费者对该种商品消费的增加,是因为( )。

A. 价格的变化引起购买力的下降

B. 这种商品相对于其他商品价格下降

C. 现在消费者可花费的钱多了

D. 这种商品相对于其他商品价格上升

30. 吉芬商品一定是低档品,且需求曲线向上倾斜,这是因为( )。

A. 替代效应大于收入效应

B. 收入效应大于替代效应且方向相反

C. 收入效应与替代效应同向

D. 替代效应为 0

二、判断题（正确的填"A"，错误的填"B"）

31. 无差异曲线表示不同消费者消费两种商品的不同数量组合所得到的效用是相同的。　　　　　　　　　　　　　　　　　　　　　　　（　）
32. 无差异曲线凸向原点是因为边际效用递减。　　　　　　　　（　）
33. 正斜率的无差异曲线是不存在的。　　　　　　　　　　　　（　）
34. 消费者的效用极大化要求预算线与无差异曲线相交。　　　　（　）
35. 预算线斜率绝对值等于两种商品的边际效用之比。　　　　　（　）
36. 收入增加会使预算线平行外移。　　　　　　　　　　　　　（　）
37. 恩格尔曲线是根据价格—消费曲线引致出来的。　　　　　　（　）
38. 商品 X 价格下降时，替代效应总是促使 X 消费增加。　　　（　）
39. 虽然低档品不一定是吉芬商品，但吉芬商品肯定是低档品。　（　）
40. 收入—消费曲线是由于消费者收入的变化引起效用极大变化的轨迹。
　　　　　　　　　　　　　　　　　　　　　　　　　　　　　（　）

三、作图分析题

41. 作图说明预算线在什么情况下会发生平行移动。

42. 作图说明完全替代品和完全互补品的无差异曲线形状。

43. 作图说明序数效用论下消费者均衡的形成。

44. 利用价格—消费曲线推导消费者的需求曲线。

45. 标注正常商品价格下降的替代效应和收入效应。

四、简答题

46. 简述基数效用论和序数效用论的区别。

47. 为什么消费者消费商品的边际替代率(MRS)是不断递减的?

48. 无差异曲线的特征有哪些?

49. 简述恩格尔曲线的定义和形成。

五、计算题

50. 大学生小刘计划购买电脑主机(X)和配件(Y),二者为完全互补品,效用函数为 $U=\min\{X,0.5Y\}$。主机单价 $P_X=2\,000$ 元/台,配件单价 $P_Y=200$ 元/个,总预算 $I=6\,000$ 元。请问:

(1) 解释效用函数 $U=\min\{X,0.5Y\}$ 的经济含义。

(2) 计算小刘的最优购买组合(需考虑商品不可分割)。

(3) 若配件涨价至 $P_Y'=240$ 元/个,最优组合和总效用如何变化?

51. 某人消费商品 x 和 y 的无差异曲线由 $y=20-4x^{1/2}$ 决定,请问:

(1) 组合(4,12)点的斜率是多少?

(2) 组合(9,8)点的斜率是多少? MRS_{xy} 是递减的吗?

52. 学生小月每月外卖预算 600 元,用于餐饮(X)和水果(Y),其无差异曲线满足 $U=X^{0.6}Y^{0.4}$。初始价格 $P_X=30$ 元/餐,$P_Y=20$ 元/份。平台推出两种补贴:方案 A 为餐饮降价(P_X 降至 25 元);方案 B 为发放现金券(预算增至 650 元)。请问:

(1) 计算补贴前,预算约束下小月的最优消费组合及效用水平。

(2) 分别计算两种补贴后的新均衡组合。小月应选哪种补贴? 用无差异曲线图形解释理由。

53. 已知某消费者的效用函数为 $U=X_1X_2$，两商品的价格分别为 $P_1=4$，$P_2=2$，消费者的收入是 $M=80$。现在假定商品 1 的价格下降为 $P_1=2$。求：

(1) 由商品 1 的价格 P_1 下降所导致的总效应，使得该消费者对商品 1 的购买量发生多少变化？

(2) 由商品 1 的价格 P_1 下降所导致的替代效应，使得该消费者对商品 1 的购买量发生多少变化？

(3) 由商品 1 的价格 P_1 下降所导致的收入效应，使得该消费者对商品 1 的购买量发生多少变化？

六、综合分析题

54. 大学生小张每月有 1 200 元用于购买书籍(X,价格 60 元/本)和咖啡(Y,价格 30 元/杯),其偏好满足典型凸性无差异曲线。请问:

(1) 写出初始预算线方程并绘制图形(标出横/纵截距)。

(2) 若书籍价格降至 40 元/本,用文字和图形说明预算线如何移动。

(3) 分析降价后小张的书籍消费量如何变化,解释替代效应与收入效应的作用机制。

第三章 企业的生产和成本

第一节 短期生产函数

一、选择题

1. 生产函数表示(　　)。
   A. 既定投入与最少产出的关系
   B. 既定投入与最大产出的关系
   C. 既定产量与最大投入的关系
   D. 以上都对

2. 一般在短期生产中(　　)。
   A. 劳动投入是可变的　　　　　　B. 资本投入是可变的
   C. 产量随投入增长而增长　　　　D. 以上都有可能

3. 生产上的短期是指(　　)。
   A. 一年或者更短的时间　　　　　B. 至少有一种生产要素不变
   C. 所有投入要素不变　　　　　　D. 所有投入要素是可变的

4. 生产上的长期是指(　　)。
   A. 所有投入皆可变
   B. 生产资料投入可变,其他要素不变
   C. 所有投入皆不变
   D. 人力资本投入可变,其他要素不变

5. 短期内,当边际产出达到最大时,(　　)。
   A. 边际产出大于平均产出
   B. 边际产出等于平均产出
   C. 边际产出小于平均产出
   D. 边际产出与平均产出的大小不确定

6. 当生产函数 $Q=f(L,K_0)$ 的 AP_L 为正且递减时，MP_L 可以是（　　）。
   A. 递减且为正　　　　　　　　B. 递减且为负
   C. 为零　　　　　　　　　　　D. 上述任何一种情况

7. 在总产量、平均产量和边际产量的变化过程中（　　）。
   A. 三种产量都是先增长后下降　　B. 三种产量都是持续增长的
   C. 总产量的下降先于平均产量　　D. 平均产量的下降先于边际产量

8. 一般对于短期生产函数，从原点出发的射线与 TP_L 相切时，（　　）。
   A. 平均产量最小　　　　　　　B. 平均产量最大
   C. 边际产量最大　　　　　　　D. 总产量最大

9. 对于任何产品的（　　）来说，可变投入和不变投入之间都存在着一个最佳的数量组合比例。
   A. 短期生产　　B. 中期生产　　C. 长期生产　　D. 临时生产

10. 已知生产函数 $Q=f(L,K)=2KL-0.5L^2-0.5K^2$，假定厂商目前处于短期生产，且 $K=10$，那么劳动的边际产量函数为（　　）。
    A. $MP_L=-L+20$　　　　　　B. $MP_L=L-20$
    C. $MP_L=-L+40$　　　　　　D. $MP_L=L-40$

11. 在短期生产第二阶段（　　）。
    A. MP_L 是递增的　　　　　　B. MP_L 是递减的
    C. AP_L 是递增的　　　　　　D. $MP_L>AP_L$

12. 设某厂商总产量函数 $Q=72L+15L^2-L^3$。当 $L=10$ 时，边际产量 MP 是（　　）。
    A. 125　　　B. 72　　　C. 50　　　D. 0

13. 设某厂商总产量函数 $Q=72L+15L^2-L^3$。当 L 的投入量为（　　）时，边际产量 MP_L 为零。
    A. 12　　　B. 8　　　C. 4　　　D. 2

14. 边际收益递减规律适用的条件是（　　）。
    A. 所有要素投入同比例变动
    B. 两种要素按不同的比例发生变化
    C. 生产技术发生变化
    D. 其他投入不变，只有一种投入改变对产量的影响

15. 在边际报酬递减规律的作用下，边际产量会发生递减。这种情况下，如果要增加同样数量的产品，应该（　　）。
    A. 停止增加变动的生产要素

B. 减少变动的生产要素的投入量

C. 增加变动的生产要素的投入量

D. 既可增加变动要素投入,也可增加不变要素投入

16. 下列说法中正确的是( )。

　　A. TP_L 减少,MP_L 一定为负

　　B. MP_L 减少,TP_L 一定减少

　　C. MP_L 曲线必定在最高点处与 AP_L 曲线相交

　　D. MP_L 减少,AP_L 一定减少

17. 根据生产三阶段论,生产将处于( )的阶段。

　　A. AP_L、MP_L、TP_L 都增加

　　B. TP_L、AP_L 都增加,且 MP_L 减少

　　C. TP_L 增加,但 AP_L、MP_L 都减少

　　D. MP_L 最大点和 TP_L 最大点之间

18. 一般来说,一种可变要素 L 的合理投入区域为( )。

　　A. 开始于 MP_L 开始递减,结束于 MP_L 为零

　　B. 开始于 MP_L 与 AP_L 上相等,结束于 MP_L 为零

　　C. 开始于 MP_L 最大,结束于 TP_L 最大

　　D. 开始于 MP_L 递增,结束于 MP_L 与 AP_L 相等

19. 生产理论中所说的短期与长期的划分依据是( )。

　　A. 以 1 年作为界限

　　B. 以 3 年作为界限

　　C. 以实际产量能否达到计划产量为界限

　　D. 以所有生产要素能否都得到调整为界限

20. 边际报酬递减是由于( )。

　　A. 管理失误　　　　　　　　　　B. 操作不当

　　C. 信息不对称　　　　　　　　　D. 生产要素配合比例失衡

21. 下列说法中,正确的是( )。

　　A. 边际产量为零时,总产量降为零

　　B. 边际产量减少,总产量减少

　　C. 平均产量减少,边际产量为负

　　D. 平均产量最高时与边际产量相等

22. 当劳动的边际产量小于其平均产量时,平均产量( )。

　　A. 递减　　　　B. 不变　　　　C. 递增　　　　D. 先增后减

23. 当平均产量曲线与边际产量曲线相交时,(   )。
    A. 总产量最大   B. 总产量最小
    C. 平均产量最大   D. 边际产量为零

24. 当其他生产要素不变,而一种生产要素连续增加时,(   )。
    A. TP_L 会一直增加   B. TP_L 会一直减少
    C. TP_L 先增加后减少   D. MP_L 不会有最大值

25. 下列哪项是短期生产第一阶段的特征?(   )
    A. 平均产量先上升后下降   B. 边际产量持续下降
    C. 平均产量上升至最大值   D. 总产量上升到最大值

26. 如果生产函数为 $Y=KL$,那么劳动 L 的边际产量是(   )。
    A. Y/L B. L C. K D. Y/K

27. 当 MP_L 最大时,AP_L(   )。
    A. 递减   B. 递增
    C. 最大   D. 以上都有可能

28. 关于生产函数 $Q=f(L,K_0)$ 的生产的第二阶段,应该(   )。(多项选择)
    A. 始于 AP_L 曲线开始递减处(即 AP_L 的最高点),止于 MP_L 曲线为零处
    B. 始于 AP_L 曲线和 MP_L 曲线相交处,止于 MP_L 曲线和水平轴的相交处
    C. 始于 AP_L 曲线开始递增处,止于 MP_L 曲线递减处
    D. 始于 AP_L 曲线开始递减处(即 AP_L 曲线的最高点),止于 MP_L 曲线开始递增处

29. 当生产函数 $Q=f(L,K_0)$ 的 AP_L 为正且递减时,MP_L 可以是(   )。(多项选择)
    A. 递减且为正   B. 递减且为负   C. 递增且为正   D. 为零

30. 一般对于短期生产函数,总产量与边际产量的关系(   )。(多项选择)
    A. $MP_L = TP'_L(L,K), TP_L = \int MP_L$
    B. MP_L 等于 TP_L 对应点的斜率
    C. MP_L 的最大值为 TP_L 的一个拐点
    D. $MP_L = O$ 时,TP_L 最大

二、判断题（正确的填"A"，错误的填"B"）

31. 经济学中长期与短期的划分取决于时间的长短。　　　　（　　）
32. 边际产出递减必定带来平均产出递减。　　　　　　　　（　　）
33. 可变要素的边际产量总是递减的。　　　　　　　　　　（　　）
34. 边际产量可由总产量曲线上的任一点的切线的斜率来表示。（　　）
35. 平均产量曲线可以和边际产量曲线在任何一点上相交。　（　　）
36. 随着某生产要素投入量的增加，边际产量和平均产量增加到一定程度将同时趋于下降。　　　　　　　　　　　　　　　　　　（　　）
37. 在生产的第Ⅱ阶段，AP_L 是递减的。　　　　　　　　（　　）
38. 当可变要素投入超过与固定要素的最优配比时，新增要素的边际产量必然递减。　　　　　　　　　　　　　　　　　　　　　（　　）
39. 边际报酬递减规律是生产领域的普遍规律，生产中不存在边际报酬递增现象。　　　　　　　　　　　　　　　　　　　　　　　（　　）
40. 生产的短期指生产者来不及调整全部生产要素的数量，至少有两种生产要素的数量是固定不变的时间周期。　　　　　　　　　（　　）

三、作图分析题

41. 用图说明短期生产函数 $Q=f(L,\overline{K})$ 的 TP_L 曲线，AP_L 曲线和 MP_L 曲线的特征及其相互之间的关系。

42. 作图说明短期生产三阶段及厂商理性选择第二阶段的原因。

43. 若您是某服装厂厂长,现获得一大笔订单,超出了正常产量,请利用短期生产函数理论说说如何完成这一订单?

四、简答题

44. 如何准确区分生产的短期和长期两个基本概念?

45. 下面是一张一种可变生产要素的短期生产函数的产量表:
(1) 在表中填空。
(2) 该生产函数是否表现出边际报酬递减?如果是,是从第几单位的可变要素投入量开始的?

可变要素的数量	可变要素的总产量	可变要素的平均产量	可变要素的边际产量
1		2	
2			10
3	24		
4		12	
5	60		
6			6
7	70		
8			0
9	63		

46. 一个企业主在考虑雇佣一个工人时，对于劳动的平均产量和边际产量，他更关注哪一个？为什么？

47. 什么是边际报酬递减规律？该规律发生作用的前提条件是什么？边际报酬递减规律的原因是什么？

48. 请说明边际报酬递减规律在短期生产函数中的应用及其对企业生产决策的影响。

五、计算题

49. 已知生产函数 $Q=2KL-L^2-0.2K$。若 $K=5$,求：

(1) 劳动的平均产量函数和边际产量函数。

(2) 计算总产量、平均产量和边际产量的极大值及各产量达到极大值时厂商雇佣的劳动量。

50. 厂商的生产函数 $Q=27L+L^2K-L^3$,若 $K=12$。求：

(1) MP_L 及 AP_L 函数。

(2) L 投入量为多大时,MP_L 将开始面临递减？

(3) 该厂商的最大产量是多少？此时 L 的投入量应为多少？

51. 某厂商用资本 K 和劳动 L 生产 X 产品,X 的短期生产函数为 $X=-L^3+24L^2+240L$,求该厂商在生产的第Ⅰ、Ⅱ、Ⅲ阶段上 L 的值。

52. 假设某厂商只有一种生产要素劳动 L,产出一种产品 Q,短期生产函数 $Q=-0.1L^3+6L^2+12L$。求解:

(1) 劳动的平均产量 AP_L 为极大时雇佣的劳动人数。

(2) 劳动的边际产量 MP_L 为极大时雇佣的劳动人数。

53. 已知生产函数 $Q=f(L,K)=2KL-0.5L^2-0.5K^2$，假定厂商目前处于短期生产，且 $K=10$，求：

(1) 写出在短期生产中，该厂商关于劳动的总产量 TP_L 函数、劳动的平均产量 AP_L 函数和劳动的边际产量 MP_L 函数。

(2) 分别计算当总产量 TP_L、劳动平均产量 AP_L 和劳动边际产量 MP_L 各自达到极大值时的厂商劳动的投入量。

(3) L 为多少时 $AP_L=MP_L$？AP_L 值又是多少？

54. 已知企业的生产函数 $y=KL-L^2$，求：

(1) 该企业的平均产量函数和边际产量函数。

(2) 如果企业使用的生产要素的数量为 $L=2$，是否处于短期生产的合理区间？为什么？

(3) $K=5$ 时企业劳动投入的合理区域。

六、理论应用与案例分析题

55. 在一个农业经济的案例中,有人对玉米产量与每公顷土地所种植的玉米棵数和使用的肥料量做了调查。玉米产量与每公顷所种植的玉米棵数和所使用的肥料量之间的关系总结在下表中:

肥料数 \ 颗数	9 000	12 000	15 000	18 000	21 000
0	50.6	54.2	53.5	48.5	39.2
50	78.7	85.9	88.8	87.5	81.9
100	94.4	105.3	111.9	114.2	112.2
150	97.8	112.4	122.6	128.6	130.2
200	88.9	107.1	121	130.6	135.9

假设玉米产量只依赖于所使用的种子(每公顷所种植的玉米棵数)和每公顷使用的肥料量,而与其他因素无关。

(1) 请分析说明上述调查报告是否反映生产要素的边际产量递减规律。

(2) 请分析说明玉米生产满足规模报酬递增、规模报酬不变还是规模报酬递减的规律。

56. 在某种产品或服务的生产中,如果去掉一些劳动力,产量不但不会下降,反而有所上升,这是什么经济现象?请用本章的理论分析。

第二节　长期生产函数

一、选择题

1. 等产量曲线上某一点的切线的斜率等于(　　)。
   A. 预算线的斜率　　　　　　　　B. 边际替代率
   C. 边际技术替代率　　　　　　　D. 边际报酬

2. 边际技术替代率是指(　　)。
   A. 两种投入的比率
   B. 一种投入替代另一种投入的比率
   C. 在保持产出不变的条件下一种投入替代另一种投入的比率
   D. 一种投入的边际产品替代另一种投入的边际产品的比率

3. 假若一条等产量线凸向原点,则意味着(　　)。
   A. 劳动的边际产出递减　　　　　B. 资本的边际产出递减
   C. 边际技术替代率递减　　　　　D. A 和 B

4. 如果规模报酬不变,单位时间里增加了 10% 的劳动的使用,但保持资本量的不变,则产出将(　　)。
   A. 增加 10%　　　　　　　　　　B. 减少 10%
   C. 增加大于 10%　　　　　　　　D. 增加小于 10%

5. 等成本曲线向外平行移动表明(　　)。
   A. 产量提高了　　　　　　　　　B. 成本增加了
   C. 生产要素价格同比例上升　　　D. 无法确定

6. 等成本曲线与横轴的交点向右移动意味着(　　)。
   A. 生产要素 K 的价格下降了　　　B. 生产要素 L 的价格上升了
   C. 生产要素 L 的价格下降了　　　D. 生产要素的投入增加了

7. 等成本曲线斜率的绝对值等于 2 表明(　　)。
   A. $MP_L/MP_K=2$　　　　　　　B. $P_L/P_K=2$
   C. $Q_L/Q_K=2$　　　　　　　　D. $P_K/P_L=2$

8. 已知在等产量曲线的某一点上,以生产要素 L 代替 K 的边际技术替代率是 2,这意味着(　　)。
   A. $P_L/P_K=2$　　　　　　　　B. $MP_L/MP_K=2$
   C. $AP_K/AP_L=2$　　　　　　　D. $P_K/P_L=2$

9. 若生产函数为 $Q=3L+5K$，则 $MRTS_{LK}$ 为（　　）。

　　A. 3/5　　　B. 5/3　　　C. 1　　　D. 0

10. 等产量曲线是指在这条曲线上的各点代表（　　）。

　　A. 为生产同等产量，投入要素的各种组合比例是不能变化的

　　B. 为生产同等产量，投入要素的价格是不变的

　　C. 不管投入的各种要素数量如何，产量总是相等的

　　D. 投入要素的各种组合所能生产的产量都是相等的

11. 如果等成本曲线在坐标平面上与等产量曲线相交，那么要生产等产量曲线表示的产量水平（　　）成本支出。

　　A. 应增加　　B. 不能增加　　C. 应减少　　D. 不能减少

12. 实现生产要素最优组合是厂商实现利润最大化的（　　）。

　　A. 充分条件　　　　　　B. 必要条件

　　C. 充分必要条件　　　　D. 非充分非必要条件

13. 两种生产要素的最优组合是（　　）。

　　A. 等产量线与等成本线相交之点

　　B. 等产量线与等成本线相切之点

　　C. 离原点最远的等产量线上的任一点

　　D. 离原点最近的等产量线上的任一点

14. 生产理论中的生产扩展线表示（　　）。

　　A. 短期成本最小化路径　　B. 长期最优要素组合轨迹

　　C. 边际产量为零的点　　　D. 等成本线的斜率

15. 某企业的生产函数为 $Q=3L+4K$，若劳动力 L 的价格为 5 元，资本 K 的价格为 10 元，则该企业的等成本线斜率为（　　）。

　　A. -0.5　　B. -2　　C. -5　　D. -10

16. 已知生产函数 $Q=L^{0.5}K^{0.5}$，当劳动和资本投入都增加一倍时，产量（　　）。

　　A. 增加一倍　　B. 增加两倍　　C. 不变　　D. 不确定

17. 下列生产函数属于规模报酬递增的是（　　）。

　　A. $F(L,K)=K+2L$　　　　B. $F(L,K)=K^2L$

　　C. $F(bL,bK)=\sqrt{b}F(L,K)$　　D. $F(L,K)=\min(L,K)+5$

18. 某工厂使用生产函数 $Q=\min\{0.5K,2L\}$，若当前 $Q=100$，$K=400$，$L=60$，则要素利用状况为（　　）。

　　A. 资本闲置 200 单位　　　B. 劳动闲置 20 单位

C. 要素均充分利用　　　　　　D. 资本短缺20单位

19. 当生产函数为 $Q=f(L,K)$ 时，$\lambda>1$，规模报酬递减可以被描述为（　　）。

　　A. $\lambda Q>f(\lambda L,\lambda K)$　　　　B. $\lambda Q<f(\lambda L,\lambda K)$
　　C. $\lambda Q=f(\lambda L,\lambda K)$　　　　D. $Q=f(\lambda L,\lambda K)$

20. 如果边际技术替代率 $MRTS_{LK}$ 小于劳动与资本的价格之比，为使产量最大，该厂商应该（　　）。

　　A. 同时增加资本和劳动　　　　B. 同时减少资本和劳动
　　C. 减少资本，增加劳动　　　　D. 增加资本，减少劳动

21. 一般来说，企业的规模报酬将依次经过如下三个阶段（　　）。

　　A. 递增、不变和递减　　　　B. 递减、不变和递增
　　C. 不变、递减和递增　　　　D. 不变、递增和递减

22. 在长期中，若资本价格上升，企业会（　　）。

　　A. 增加资本使用量　　　　　B. 减少资本使用量
　　C. 保持资本使用量不变　　　D. 无法确定

23. 生产函数 $Q=5L+10K$ 的特征是（　　）。

　　A. 要素完全替代　　　　　　B. 要素完全互补
　　C. 规模报酬递增　　　　　　D. 边际产量递减

24. 规模报酬考察的是（　　）。

　　A. 长期生产　　B. 短期生产　　C. 平均生产　　D. 边际生产

25. 企业在生产中采用了最低成本的生产技术，劳动对资本的边际技术替代率为0.4，资本的边际产量为5，则劳动的边际产量为（　　）。

　　A. 2　　　　　B. 1　　　　　C. 3　　　　　D. 5

26. 当某厂商以最小成本生产出既定产量时，那么该厂商（　　）。

　　A. 总收益为零　　　　　　　B. 一定获得最大利润
　　C. 一定未获得最大利润　　　D. 无法确定是否获得最大利润

27. 可能产生企业规模报酬递减的原因有（　　）。（多项选择）

　　A. 企业规模过大，人际关系复杂
　　B. 企业规模过大，信息流通不畅
　　C. 政企不分，企业办社会，企业负担多
　　D. 使生产控制和经营管理成本提高、效率下降

28. 一般而言，等产量曲线的特点（　　）。（多项选择）

　　A. 离原点越远的等产量曲线代表的产量水平越高

B. 任意两条等产量曲线都不会相交

C. 等产量曲线向右下方倾斜,斜率为负

D. 等产量曲线凹向原点

29. 对规模报酬阐述正确的是( )。(多项选择)

A. 规模报酬是指在其他条件不变情况下,各种要素按相同比例变动,所引起产量变动的情况

B. 规模报酬分析属于长期生产理论问题

C. 一般都经过规模报酬递增、规模报酬不变和规模报酬递减三个阶段

D. 规模报酬理论表明企业应保持适度规模

30. 可能产生规模报酬递增的原因包括( )。(多项选择)

A. 可以对原材料和副产品进行综合利用

B. 大企业利用先进的技术和机器设备

C. 企业内部的生产分工能够更合理和专业化,从而可以提高工作效率

D. 在技术培训和生产经营管理上存在优势

二、判断题(正确的填"A",错误的填"B")

31. 随着生产技术水平的变化,生产函数也会发生变化。　　　(　)

32. 长期所有要素投入均可变,因此长期没有不变投入。　　　(　)

33. 假定生产 X 产品需要两种要素,如果这两种要素价格相等,则该生产者最好投入同等数量的这两种要素。　　　(　)

34. 生产要素的价格一旦确定,等成本线斜率随之确定。　　　(　)

35. 等产量曲线是在技术水平不变的条件下生产不同产量的两种相同生产要素投入量的轨迹。　　　(　)

36. 规模报酬是指在其他条件不变的情况下,企业内部各种生产要素按相同比例变化时所带来的产量变化。　　　(　)

37. 产量增加的比例大于各种生产要素增加的比例,称为规模报酬递增。
　　　(　)

38. 扩大企业规模,可取得规模经济效益,因此,企业规模越大越好。
　　　(　)

39. 等产量线凸向原点源于边际技术替代率递增。　　　(　)

40. 如果生产函数具有规模报酬不变的特征,那么要素在生产上的边际替代率是不变的。　　　(　)

三、作图分析题

41. 作图说明等产量曲线及其特征，解释其凸向原点的经济学含义。

42. 图示要素价格变化对最优要素组合的影响。

四、简答题

43. 请绘制扩展线并说明其经济含义。

44. 图示说明两种可变要素投入的合理区域。

45. 请图示说明区分边际报酬递增、不变和递减的情况与规模报酬递增、不变和递减的情况。

46. 简述长期生产函数与短期生产函数的区别。

47. 已知柯布－道格拉斯生产函数为 $Q=AL^{\alpha}K^{\beta}$。请讨论该生产函数的规模报酬情况。

48. 人工智能如何重构生产函数?

49. 如何区分固定投入比例的生产函数与具有规模报酬不变特征的生产函数。

50. 已知生产函数为 $Q=AL^{\frac{1}{3}}K^{\frac{2}{3}}$。请问:
(1) 在长期生产中,该生产函数的规模报酬属于哪一种类型?
(2) 在短期生产中,该生产函数是否受边际报酬递减规律的支配?

51. 假定某厂商的生产技术给定,在该生产技术下可以采用四种生产方法来生产 2 000 单位产量,如下表所示。

生产方法	劳动使用量	资本使用量
方法 A	100	600
方法 B	160	500
方法 C	165	700
方法 D	90	700

(1) 请剔除上表中无效率的生产方式。

(2) "生产方式 B 是最有效率的。因为它所使用的资源总量最少,只有 660 单位。"你认为这种说法正确吗？为什么？

(3) 在(1)中剔除了无效率的生产方式后,你能在余下的生产方式中找出有效率的生产方式吗？请说明理由。

52. 规模经济与范围经济有何区别？

五、计算题

53. 已知某厂商的生产函数为 $Q=L^{\frac{3}{8}}K^{\frac{5}{8}}$,又设 $P_L=3$ 元,$P_k=5$ 元,试求:

(1) 产量 $Q=10$ 时的最低成本和使用的 L 与 K 的数值。

(2) 总成本为 160 元时厂商均衡的 Q、L 与 K 之值。

54. 已知生产函数为(1) $Q=5L^{\frac{1}{3}}K^{\frac{2}{3}}$;(2) $Q=\dfrac{KL}{K+L}$;(3) $Q=KL^2$;(4) $Q=\min(3L,K)$。求:

(1) 厂商长期生产的扩展线方程。

(2) 当 $P_L=1$,$P_K=1$,$Q=1\,000$ 时,厂商实现最小成本的要素投入组合。

55. 已知生产函数 $Q=2L^{0.2}K^{0.6}$，请问：

(1) 该生产函数是否为齐次函数？次数为多少？

(2) 该生产函数的规模报酬情况。

56. 已知生产函数为 $Q=2L^{0.6}K^{0.4}$，如果生产要素的价格分别为 $P_L=30$，$P_K=40$。求：

(1) 当 $Q=120$ 时，L 与 K 值分别是多少？

(2) 生产 120 单位产量时的最小成本是多少？

57. 令生产函数 $f(L,K)=a_0+a_1(LK)^{1/2}+a_2K+a_3L$,其中,$0 \leqslant a_i \leqslant 1; i=0,1,2,3$。

(1) 当满足什么条件时,该生产函数表现出规模报酬不变的特征。

(2) 证明:在规模报酬不变的情况下,相应的边际产量是递减的。

58. 判断下列生产函数所表示的规模报酬状况。

(1) $f(K,L)=K^2 * L$

(2) $f(K,L)=K+2L$

(3) $f(K,L)=KL-0.5L^2-0.32K^2$

(4) $f(K,L)=3L^{0.3}K^{0.8}$

(5) $f(K,L)=\min(3L,4K)$

第三节　短期成本

一、选择题

1. 短期生产中,当企业产量为 0 时,成本等于( )。
   A. 0　　　　　B. TVC　　　　C. FC　　　　D. MC
2. 会计账目一般无法反映( )。
   A. 显成本　　　B. 可变成本　　C. 沉没成本　　D. 机会成本
3. 不随产量变动而变动的成本称为( )。
   A. 可变成本　　B. 不变成本　　C. 平均成本　　D. 总成本
4. 已知产量为 8 个单位时,总成本为 80 元,当产量增加到 9 个单位时,平均成本为 11 元,那么此时的边际成本为( )。
   A. 1 元　　　　B. 19 元　　　C. 88 元　　　D. 20 元
5. 产量增加时,AFC 的变化趋势是( )。
   A. 持续上升　　B. 持续下降　　C. 先升后降　　D. 不变
6. 假定大学生决定参加外语培训班而放弃获取 1 000 元收入的打工机会,参加培训班需要花费的学费为 1 000 元,课本费为 500 元,参加培训班期间的生活费为 500 元。请问参加培训班的机会成本为( )。
   A. 1 500 元　　B. 2 000 元　　C. 2 500 元　　D. 3 000 元
7. 某先生辞去月薪 2 000 元的工作,取出自有存款 100 000 元(月息 1‰),创办了一家独资企业。如果不考虑商业风险,则该先生自办企业按月计算的机会成本是( )。
   A. 2 000 元　　B. 1 000 元　　C. 3 000 元　　D. 102 000 元
8. $Q=0$ 时,$TC=100$;$Q=10$ 时,$TC=400$,则平均固定成本(AFC)为( )。
   A. 10　　　　　B. 30　　　　　C. 40　　　　　D. 100
9. 短期平均成本曲线呈 U 形的原因与( )有关。
   A. 规模报酬　　　　　　　　　B. 外部经济与不经济
   C. 要素的边际报酬递减　　　　D. 固定成本与可变成本所占比重
10. 已知某企业的短期总成本函数是 $STC(Q)=0.04Q^3-0.8Q^2+10Q+5$,最小的平均可变成本为( )。
    A. 8　　　　　B. 6　　　　　C. 4　　　　　D. 10

11. MC 曲线穿过（　　）。

　　A. AVC 和 AC 的最高点　　　　B. AVC 和 AC 的最低点

　　C. TVC 的拐点　　　　　　　　D. FC 的中点

12. 边际报酬递减规律发生作用时，TVC 曲线（　　）。

　　A. 以一递减的速率上升　　　　B. 以一递增的速率下降

　　C. 以一递减的速率下降　　　　D. 以一递增的速率上升

13. 某厂商每年从企业的总收入中取出一部分作为自己所提供的企业家才能的报酬，这部分资金应被计入（　　）。

　　A. 显成本　　B. 隐成本　　C. 经济利润　　D. 旁置成本

14. 奶茶店月固定成本 2 万元，每杯可变成本 5 元，若月售 5 000 杯，AC 为（　　）。

　　A. 5 元　　　B. 7 元　　　C. 9 元　　　D. 11 元

15. 已知 $TC=100+10Q+Q^2$，则 $Q=5$ 时的 MC 为（　　）。

　　A. 10　　　B. 20　　　C. 35　　　D. 60

16. 在从原点出发的射线与 TC 曲线相切的产量上，必有（　　）。

　　A. AC 值最小　　　　　　　　B. AC=MC

　　C. MC 曲线处于上升段　　　　D. 上述各点都对

17. 长期与短期的区别在于（　　）。

　　A. 短期中存在着不变的收益，而长期中不存在

　　B. 从长期来看，所有的投入都可变

　　C. 三个月

　　D. 平均成本在短期内是递减的，而长期成本在长期内是递增的

18. 平均可变成本（AVC）最低点对应（　　）。

　　A. MC 与 AVC 的交点　　　　B. MC 与 ATC 的交点

　　C. 总成本曲线拐点　　　　　　D. 边际产量最高点

19. 若产量 $Q=10$ 时，$TVC=500$；$Q=11$ 时，$TVC=530$，则 MC 为（　　）。

　　A. 30　　　B. 50　　　C. 53　　　D. 530

20. 短期可变成本曲线随产量增加而（　　）。

　　A. 不断上升　　　　　　　　　B. 不断下降

　　C. 先上升后下降　　　　　　　D. 先下降后上升

21. 假定某企业全部成本函数为 $TC=30\,000+5Q-Q^2$，Q 是生产产量，则固定成本总量为（　　）。

　　A. 30 000　　B. $5Q-Q^2$　　C. $5-Q$　　D. $30\,000/Q$

22. $Q=100$ 时,$FC=2\,000$,$AVC=15$,则 ATC 为( )。
    A. 15　　　　B. 20　　　　C. 35　　　　D. 2 000
23. 当 $AC=10$ 且 $MC=12$ 时,扩大生产会使平均成本( )。
    A. 上升　　　B. 下降　　　C. 不变　　　D. 无法确定

二、判断题(正确的填"A",错误的填"B")

24. 总成本曲线与可变成本曲线之间的垂直距离随产量的减少而减少。
    (　　)
25. 固定成本(FC)随产量增加而降低。(　　)
26. 当短期边际成本曲线(SMC)处于上升阶段时,平均可变成本曲线(AVC)将既可能上升,又可能下降。(　　)
27. 短期内在每一产量上的 SMC 值既是该产量上 TVC 曲线的斜率,又是该产量上 STC 曲线的斜率。(　　)
28. 已知产量为 8 个单位时,总成本为 80 元,当产量增加到 9 个单位时,平均成本为 11 元,那么,此时的边际成本为 10 元。(　　)
29. 因为厂房的折旧是按月固定提取的,不生产就不计入成本,所以,折旧是可变成本。(　　)
30. 短期中,总成本(TC)曲线起于原点。(　　)
31. 在短期内若企业的总成本函数为:$STC=aQ+b$,据此可判断固定成本为 b。(　　)
32. 边际成本(MC)只取决于可变成本的变化。(　　)
33. 平均可变成本(AVC)最低时,边际成本(MC)等于平均可变成本。
    (　　)

三、简答题

34. 在经济学家眼中,一个企业的利润与会计师核算出来的该企业的会计利润有何不同?

35. 小张用自有 50 万元开咖啡馆（年会计利润 8 万元）。若将资金购买国债，年收益 4%。请问：

(1) 计算创业的年机会成本。

(2) 创业的经济利润是多少？

36. 试画图说明短期成本曲线相互之间的关系。

37. 厂商的短期成本函数中平均成本和边际成本与变动要素的平均产量和边际产量有何联系？

38. 下表是一张关于短期生产函数 $Q=f(L,\overline{K})$ 的产量表：

L	1	2	3	4	5	6	7
TP_L	10	30	70	100	120	130	135
AP_L							
MP_L							

(1) 在表中填空。

(2) 根据(1)在一张坐标图上做出 TP_L,在另一张坐标图上作出 AP_L 曲线和 MP_L 曲线。

(3) 根据(1),并假定劳动的价格 $w=200$,完成下面的短期成本表。

短期生产的成本表

L	Q	$TVC=wL$	$AVC=\dfrac{w}{AP_L}$	$MC=\dfrac{w}{MP_L}$
1	10			
2	30			
3	70			
4	100			
5	120			
6	130			
7	135			

(4) 根据上表,在一张坐标图上作出 TVC 曲线,在另一张坐标图上作出 AVC 曲线和 MC 曲线。

(5) 根据(2)(4),说明短期生产曲线和短期成本曲线之间的关系。

39. 大学生小李周六有 6 小时空闲,选项 A:兼职促销(收入 120 元);选项 B:备考六级(通过可获奖学金 500 元,但需复习 10 小时)。小李选择兼职 3 小时,复习 3 小时。请问:小李选择兼职的机会成本是什么？该决策是否理性？

四、计算题

40. 已知某企业的短期总成本函数是 $STC = 0.04Q^3 - 0.8Q^2 + 10Q + 5$,求最小的平均可变成本值。

41. 假定某厂商的边际成本函数 $MC=3Q^2-30Q+100$,且生产 10 单位产品时的总成本为 1 000。求：

(1) 固定成本值。

(2) 总成本函数、总可变成本函数、平均成本函数、平均可变成本函数。

42. 已知总成本函数 $TC=4Q^3-30Q^2+90Q+60$,试问产量从多少开始,生产遵循边际报酬递减规律？

43. 某企业短期成本结构 $FC=1\,200$ 元，$AVC=8-0.1Q+0.002Q^2$（Q 为产量），求 AVC 最低点对应的产量和 AVC 值。

44. 面包店短期总成本函数 $TC=1\,000+10Q+0.1Q^2$，请问：
(1) 求边际成本函数和平均总成本函数。
(2) 计算 $Q=50$ 时的 MC 和 AC，并判断此时增产是否降低平均成本。

45. 某奶茶店短期生产成本：固定成本(FC)＝2 000元/月，产量(Q)与总可变成本(TVC)关系如表所示：

Q(杯)	100	200	300
TVC(元)	800	1 500	2 400

（1）计算Q＝200时的平均固定成本(AFC)和平均可变成本(AVC)。

（2）计算Q从100增至200时的边际成本(MC)。

五、论述题

46. 机会成本对决策分析有什么意义？为什么？

六、应用与案例分析

47. 面包店生产中发现,第 1 个工人日产 100 个面包,第 2 个工人增 80 个,第 3 个工人增 50 个。解释该现象如何影响边际成本(MC)的变化趋势。

48. 某家庭有 200 万存款,选项:
A 购房:买学区房自住(当前租金 6 000 元/月)
B 投资:购信托产品年收益 8%
若购房需一次性付款,无贷款。请问:
(1) 计算购房决策的年机会成本。
(2) 从机会成本角度分析是否应购房。

49. 狡猾的农场主

一个生产小麦的农场主向他的工人发布了这样一则坏消息:"今年的小麦价格很低,而且我从今年的粮食中最多只能获得 3.5 万元毛收入。如果我付给你们与去年相同的工资(3 万元),我就会亏本,因为我不得不考虑 3 个月以前已经为种子和化肥花掉的 2 万元。如果为了那些仅值 3.5 万元的粮食而让我花上 5 万元,那么我一定是疯了。如果你们愿意只拿去年一半的工资(1.5 万元),我的总成本将为 3.5 万元(2 万元+1.5 万元),至少可以收支相抵。如果你们不同意降低工资,那么我也就不打算收割这些小麦了。"

于是,工人们围坐在一起,以投票来决定是否同意降低工资。这时,有一位略懂一点经济学知识的工人很快进行了一番计算,然后,他肯定地说:"农场主在吓唬我们,即使我们不同意降低工资,他也会让我们为他收割小麦的。"

请用经济学中关于成本的理论分析,工人所说话的理由是什么。

第四节　长期成本

一、选择题

1. 长期成本函数的本质特征是（　　）。
   A. 含固定成本　　　　　　　　B. 所有成本均可变
   C. 边际成本恒定　　　　　　　D. 平均成本递增

2. 长期总成本曲线是各种产量上（　　）的轨迹。
   A. 最低总成本点　　　　　　　B. 最低平均成本点
   C. 最低边际成本点　　　　　　D. 平均成本变动

3. 以下属于长期成本函数的是（　　）。
   A. $TC=2Q^3-3Q^2+100$　　　B. $TC=5Q^2+50$
   C. $TC=0.5Q^3-4Q^2+30Q$　　D. $TC=10Q+200$

4. 若企业产量翻倍时 LTC 增长低于1倍，说明存在（　　）。
   A. 规模不经济　　　　　　　　B. 规模经济
   C. 边际成本递减　　　　　　　D. 要素价格下降

5. LAC 曲线是 SAC 曲线的包络线，意味着（　　）。
   A. 每一产量下 LAC 等于最优生产规模的 SAC
   B. LAC 曲线与所有 SAC 曲线相切
   C. LAC 曲线最低点切于某 SAC 曲线最低点
   D. LAC 曲线始终在 SAC 曲线上方

6. 对许多公司而言，管理随企业规模扩大而变得更重要，这可以解释（　　）。
   A. 短期平均成本曲线的 U 形特征
   B. 收益递减规律
   C. 长期平均成本曲线的 U 形特征
   D. 在平均成本最低点，$MC=AC$

7. 某厂商原来生产产品 A，每年可获利润 200 万元；现改生产产品 B，所用工资、材料费为 1 000 万元，则生产产品 B 的机会成本是（　　）。
   A. 200 万元　　　　　　　　　B. 1 200 万元
   C. 1 000 万元　　　　　　　　D. 难以确定

8. 长期平均成本曲线呈 U 形的原因与（　　）有关。

A. 规模经济　　　　　　　　B. 外部经济与不经济
C. 要素的边际报酬递减　　　D. 固定成本与可变成本

9. 当 LAC 曲线下降时，LAC 曲线切于 SAC 曲线的最低点，这句话（　　）。

A. 总是对的　　　　　　B. 总是不对
C. 有时是对的　　　　　D. 无法判断

10. 规模报酬递增将导致（　　）。

A. LAC 递增　　　　　　B. $LMC>LAC$
C. LAC 递减　　　　　　D. LTC 线性增长

11. 长期里，平均成本线整体向下平移，这意味着（　　）。

A. 规模经济的存在　　　B. 规模不经济的存在
C. 外在经济的存在　　　D. 外在不经济的存在

12. 若 LAC 曲线为 U 型，当产量小于最优规模时（　　）。

A. SAC 曲线在 LAC 上方　　　B. SAC 曲线在 LAC 下方
C. SAC 与 LAC 相切于最低点　　D. 无法确定

13. 厂商长期成本函数 $LTC=4Q$，该行业特征为（　　）。

A. 规模报酬递增　　　　B. 规模报酬不变
C. 规模报酬递减　　　　D. 存在固定成本

14. 在任何产量上的 LTC 绝不会大于该产量上由最优生产规模所决定的 STC。这句话（　　）。

A. 总是对的　　　　　　B. 肯定错了
C. 有可能对　　　　　　D. 视规模经济的具体情况而定

15. 如果边际成本在一定的产出范围以内大于平均成本，那么在这一范围内，产出的增加将会使平均成本（　　）。

A. 升高
B. 降低
C. 升高或者降低将会取决于可变成本的变化
D. 保持不变

16. 规模收益不变意味着当所有要素投入量等比例增加时（　　）。

A. 总产量保持不变
B. 平均总成本上升
C. 平均总成本同要素投入量同比例增加
D. 总产量同要素投入量同比例增加

17. 如果具有 U 型的短期平均成本线的厂商在两条生产线的基础上通过增加一条生产线而使产量翻番,那么长期平均成本线最有可能是(　　)。

　　A. 递增　　　　　　　　　　　B. 水平

　　C. 递减　　　　　　　　　　　D. 以上都有可能

18. 对于一个既定的产量,长期平均成本等于短期平均成本,长期平均成本比长期边际成本大时(　　)。

　　A. 长期平均成本上升

　　B. 长期平均成本下降

　　C. 短期平均成本处于最小值

　　D. 短期平均成本等于长期边际成本

19. 若某个产量时 $LAC=SAC$,那么下面关于 LMC 和 SMC 的关系正确的是(　　)。

　　A. $LMC>SMC$　　　　　　　B. $LMC=SMC$

　　C. $LMC<SMC$　　　　　　　D. 无法判断

20. 直线通过原点,并且从下方与总成本相切,在切点处,平均总成本(　　)。

　　A. 等于边际成本

　　B. 达到最小值

　　C. 等于平均可变成本加上平均固定成本

　　D. 以上都对

21. 已知产量为 500 单位时,平均成本是 2 元,产量增加到 550 单位时,平均成本等于 2.5 元,在这个产量变化范围内,边际成本(　　)。

　　A. 随着产量增加而增加,并在数值上大于平均成本

　　B. 随着产量增加而增加,并在数值上小于平均成本

　　C. 随着产量增加而减少,并在数值上小于平均成本

　　D. 随着产量增加而减少,并在数值上大于平均成本

22. 长期平均成本 LAC 曲线和长期边际成本 LMC 曲线的关系是(　　)。

　　A. 两条线相交时通过 LAC 曲线的最低点

　　B. 两条线相交时通过 LMC 曲线的最低点

　　C. 两条线相交时通过 LAC 曲线的最高点

　　D. 永远不可能相交

23. 当企业生产处于规模经济不变阶段时,长期平均成本曲线切于短期平均成本曲线的( )。

　　A. 左端　　　　B. 右端　　　　C. 最低端　　　D. 无法确定

24. 下列有关长期边际成本曲线(LMC)与长期总成本曲线(LTC)之间的关系的说法正确的是( )。

　　A. 在长期边际成本曲线下降时,长期总成本曲线以越来越快的速度上升

　　B. 在长期边际成本曲线下降时,长期总成本曲线以越来越慢的速度上升

　　C. 在长期边际成本曲线上升时,长期总成本曲线以越来越慢的速度上升

　　D. 以上均不正确

二、判断题(正确的填"A",错误的填"B")

25. 短期平均成本绝不会小于长期平均成本。　　　　　　　　(　　)

26. 长期成本曲线上的每一点都与短期成本曲线上的某一点相对应,但短期成本曲线上并非每一点都与长期成本曲线上的某一点相对应。(　　)

27. 长期平均成本曲线呈 U 形的原因在于边际报酬递减规律。　(　　)

28. 当企业的生产处于规模经济不变阶段时,长期平均成本曲线切于代表最优生产规模的短期平均成本曲线的最低点。　　　　　　　(　　)

29. 某厂商每年从企业的总收入中取出一部分作为自己所提供的生产要素的报酬,则这部分资金被视为经济利润。　　　　　　　　　(　　)

30. 在长期中无所谓固定成本与可变成本之分。　　　　　　　(　　)

31. 边际实物产量递减必然对应长期平均成本曲线递增。　　　(　　)

32. 长期平均成本实际上就是平均可变成本。　　　　　　　　(　　)

33. LAC 曲线水平,则 LTC 不变。　　　　　　　　　　　　(　　)

34. LAC 曲线相切于 SAC 曲线的最低点。　　　　　　　　　(　　)

三、简答题

35. 试述短期成本与长期成本的关系。

36. 短期平均成本 SAC 曲线与长期平均成本 LAC 曲线都呈现出 U 形特征。请问：导致它们呈现这一特征的原因相同吗？为什么？

37. 试画图从短期总成本曲线推导长期总成本曲线，并说明长期总成本曲线的经济含义。

38. 试画图从短期平均成本曲线推导长期平均成本曲线，并说明长期平均成本曲线的经济含义。

39. 如果厂商的生产函数表现为规模报酬不变,那么:LAC 和 MC 是什么形状?

40. 为什么长期平均成本曲线(LAC)是短期平均成本曲线(SAC)的包络线?

四、计算题

41. 已知生产函数为 $Q=L^{0.5}K^{0.5}$,试证明该生产函数是规模报酬不变;由该生产函数决定的生产过程受边际报酬递减规律的支配。

42. 假设一个厂商的生产函数为：$Q=\min(K,2L)$，其中 $w=2, r=3$。

(1) 计算厂商的长期总成本、长期平均成本、长期边际成本函数。

(2) 假设 K 固定在 20，计算此时厂商的短期总成本、短期平均成本、短期边际成本。生产第 20 单位的边际成本是多少？

43. 厂商的生产函数为 $y=AL^\alpha K^\beta$，生产要素 L 和 K 的价格分别为 w 和 r。

(1) 求厂商的生产要素最优组合。

(2) 如果资本的数量 $K=1$，求厂商的短期成本函数。

(3) 求厂商的长期成本函数。

44. 已知某厂商的生产函数为 $Q=0.5L^{1/3}K^{2/3}$，当资本投入量 $K=50$ 时，资本的总价格为 500，劳动的价格 $P_L=5$，求：

(1) 劳动的投入函数 $L=L(Q)$。

(2) 总成本函数、平均成本函数和边际成本函数。

五、论述题

45. 试述影响长期平均成本变化的主要因素。

46. 为什么长期和短期的平均成本曲线都呈 U 形？

47. 分析长期成本理论对市场竞争结构的影响。

48. 论述长期成本理论在企业战略决策中的作用。

六、案例分析题

49. 福特公司产量的安排

对于许多企业来说,总成本分为固定和可变成本取决于时间框架。例如,考虑一个全机车公司,比如福特汽车公司。在只有几个月的时期内,福特公司不能调整它汽车工厂的数量与规模。它可以生产额外一辆汽车的唯一方法是,在已有的工厂中多雇佣工人。因此,这些工厂的成本在短期内是固定成本。与此相比,在几年的时期中,福特公司可以扩大其工厂规模,建立新工厂和关闭旧工厂。因此,其工厂的成本在长期内是可变成本。

由于许多成本在短期内是固定的,但在长期内是可变的,所以,企业的长期成本曲线不同于其短期成本曲线。长期平均总成本曲线是比短期平均总成本曲线平坦得多的U形曲线。此外,所有短期成本曲线在长期成本曲线上和以上。这些特点的产生,是因为企业在长期中有更大的灵活性。实际上,在长期中,企业可以选择它想用的那一条短期成本曲线。但在短期中,它不得不用它过去选择的任何一条短期曲线。

当福特公司想把每天的产量从1 000辆汽车增加到1 200辆时,在短期和长期决策中的成本有何不同?

第四章 完全竞争市场

第一节 完全竞争企业的短期均衡

一、单选题

1. 根据完全竞争市场的条件,以下哪个行业最接近完全竞争行业?(　　)
   A. 家电行业　　B. 汽车行业　　C. 蔬菜行业　　D. 服装行业
2. 完全竞争厂商所面临的需求曲线是一条水平线,它表示(　　)。
   A. 完全竞争厂商可以通过改变销售量来影响商品价格
   B. 完全竞争厂商只能接受市场价格
   C. 市场需求曲线是水平线
   D. 单个消费者的需求曲线是水平线
3. 完全竞争企业面临的需求曲线的需求价格弹性为(　　)。
   A. 无限大　　B. 非零的常数　　C. 零　　D. 不定的常数
4. 完全竞争市场中,厂商总收益曲线的斜率为(　　)。
   A. 一个常数　　B. 经常变动　　C. 1　　D. 0
5. 某地区苹果种植户处于完全竞争市场,今年寒潮导致苹果减产50%,但价格上涨至8元/斤(原价4元)。若 MC 曲线不变,果农将(　　)。
   A. 减产提价　　　　　　　　B. 增加至均衡产量
   C. 维持原产量　　　　　　　D. 改种抗寒品种
6. 对一个完全竞争企业来说,平均收益曲线(　　)。
   A. 和企业的需求曲线一样,边际收益曲线在企业的需求曲线之下
   B. 在企业的需求曲线之上,边际收益曲线在企业的需求曲线之下
   C. 在企业的需求曲线之上,边际收益曲线与企业的需求曲线相同
   D. 和边际收益曲线都与企业的需求曲线相同。

7. 若企业短期成本函数为 $TC=Q^2+10Q+25$,市场价格$=20$,均衡产量为（　　）。

   A. 20　　　　　　B. 15　　　　　　C. 10　　　　　　D. 5

8. 完全竞争厂商利润最大化条件是"价格等于边际成本",这表示（　　）。

   A. 企业将扩大产出直到价格上升到等于边际成本

   B. 企业将扩大产出直到价格下降到等于边际成本

   C. 企业将扩大产出直到边际成本下降到等于价格

   D. 企业将扩大产出直到边际成本上升到等于价格

9. 完全竞争厂商利润达到最大是在（　　）。

   A. $TR=TC$ 处

   B. TR 曲线和 TC 曲线平行处

   C. TR 曲线和 TC 曲线切线平行,且 TC 超过 TR 处

   D. TR 曲线和 TC 曲线切线平行,且 TR 超过 TC 处

10. 完全竞争厂商达到短期均衡时（　　）。

    A. $P>SAC$　　　　　　　　　B. $P=SAC$

    C. $P<SAC$　　　　　　　　　D. 以上都有可能

11. 在 $MR=MC$ 的均衡产量上,企业（　　）。

    A. 必然得到最大的利润

    B. 不可能亏损

    C. 必然得到最小的亏损

    D. 若获利润,则利润最大;若亏损,则亏损最小

12. 一旦进入市场,厂商已经支付不变成本,竞争性厂商面临的决策是（　　）。

    A. 需求水平如何

    B. 竞争对手卖价多少

    C. 是否多生产或少生产一单位产品

    D. 竞争对手卖出多少

13. 在厂商的短期均衡产量上,如果 AR 小于 SAC,但大于 AVC,则厂商（　　）。

    A. 亏损,立即停产　　　　　　B. 亏损,但继续生产

    C. 亏损、生产或不生产都可以　　D. 获得正常利润,继续生产

14. 烤串摊主每串烤肉 $AVC=3$ 元,$AC=4$ 元。若城管严查导致客流量减半,价格需达多少才愿出摊？（　　）

A. $P \geqslant 2$ 元　　B. $P \geqslant 3$ 元　　C. $P \geqslant 4$ 元　　D. $P \geqslant 5$ 元

15. 假定完全竞争厂商的产量为 500 单位,相应的总收益与总成本分别是 600 元与 800 元,生产的不变成本为 300 元,边际成本是 1 元。根据利润最大化原则,该厂商应该(　　)。

　　A. 增加产量　　　　　　　　B. 停止生产
　　C. 减少产量　　　　　　　　D. 可采取以上任何措施。

16. 一完全竞争厂商每天总收入是 8 000 元,此时实现利润最大。其边际成本是 10 元,平均成本是 8 元,平均可变成本是 5 元,产出是(　　)。

　　A. 200 单位　　B. 400 单位　　C. 625 单位　　D. 800 单位

17. 某完全竞争企业面临的产品市场价格为每个 10 元,平均成本为每个 14 元,其中平均固定成本为每个 3 元,平均变动成本中原材料过去以每个 5 元购进、目前市场价已下降 30%,问该企业当前的正确决策是(　　)。

　　A. 按 14 元价格出售　　　　B. 按 10 元价格继续生产
　　C. 按 12.5 元价格出售　　　D. 立即停产

18. 在完全竞争的条件下,如果厂商把产量调整到平均成本曲线的最低点所对应的水平,则(　　)。

　　A. 他将取得最大利润　　　　B. 他没能获得最大利润
　　C. 他是否获得最大利润无法确定　　D. 他一定亏损

19. 假定短期的生产厂商在某一产量水平上实现其平均成本的最小值,这意味着(　　)。

　　A. 边际成本等于平均成本　　B. 厂商已获得最大利润
　　C. 厂商已获得最小利润　　　D. 厂商的经济利润为零

20. 某完全竞争市场上商品的单价是 5 元/件,其中一企业向市场供给的产量是 1 000 件。若该企业提高售价到 6 元/件,则提价后的总收益是(　　)。

　　A. 5 000　　B. 6 000　　C. 0　　D. 1 000

21. 竞争厂商的"收支相抵点"发生在下列哪一个产出水平上?(　　)

　　A. $MC=AC$　　　　　　　　B. $AVC=AFC$
　　C. $MC=AVC$　　　　　　　D. $AC=AVC$

22. 完全竞争企业短期总成本曲线与可变成本曲线之间的垂直距离表示(　　)。

　　A. 平均可变成本　　　　　　B. 固定成本
　　C. 平均固定成本　　　　　　D. 边际成本

23. 厂商在停业点(　　)。

　　A. $P=AVC$　　　　　　　　B. $TR=TVC$

　　C. 企业总损失等于 TFC　　D. 以上都对

24. 在完全竞争市场上,厂商短期内继续生产的最低条件是(　　)。

　　A. $AC=AR$　　　　　　　　B. $AVC \leqslant AR$

　　C. $AVC \geqslant AR$　　　　　　D. $P>AC$

25. 完全竞争厂商如果面临边际成本小于边际收益,则厂商(　　)。

　　A. 减少产量,利润将增加　　B. 增加产量,利润将增加

　　C. 减少产量,利润将减少　　D. 变动产量,利润将不变

26. 在完全竞争产品市场中,企业的主要竞争策略是(　　)。

　　A. 降价促销　　B. 广告促销　　C. 涨价盈利　　D. 降低成本

27. 完全竞争市场的厂商短期供给曲线是指(　　)。

　　A. $AVC>MC$ 中的那部分 AVC 曲线

　　B. $AC>MC$ 中的那部分 AC 曲线

　　C. $MC \geqslant AVC$ 中的那部分 MC 曲线

　　D. $MC \geqslant AC$ 中的那部分 MC 曲线

28. 在完全竞争的市场上,厂商在短期内的供给曲线向上倾斜的原因是由于(　　)。

　　A. 价格越高,利润越大　　　B. 产量越大,总成本越大

　　C. 产量越大,平均成本越大　D. 产量越大,边际成本越大

29. 某地区草莓种植户处于完全竞争市场,今年因气候适宜,草莓丰收,市场价格大幅下降至每斤 5 元,低于部分种植户平均总成本但高于平均可变成本。此时,种植户会(　　)。

　　A. 砍掉草莓植株,改种其他作物

　　B. 扩大种植面积,期望来年获利

　　C. 继续采摘售卖草莓,减少损失

　　D. 联合起来抬高市场价格

30. 某完全竞争厂商在一定产量 $Q=12$、$TC=780$ 时,该商品的市场价格是 65 元,若厂商在该产量上实现短期均衡,则下列说法不正确的是(　　)。

　　A. 该厂商得到了超额利润　　B. 该厂商得到了正常利润

　　C. 该厂商得到了最大利润　　D. 该厂商亏损最小

31. 如果完全竞争行业内某厂商在目前产量水平上的边际成本、平均成本和平均收益均等于 1 美元,则该厂商(　　)。

A. 只得到正常利润 B. 肯定未得最大利润

C. 是否得最大利润不能确定 D. 已得超额利润

32. 如果竞争市场的商品价格为 9 元，厂商生产成本为 $C=(1/3)Q^3+20$，那么下列哪种说法是正确的？（　　）

  A. 厂商可以设法获得正常利润

  B. 最优产量为 0，即厂商应该停止营业

  C. 厂商的经济利润为零

  D. 厂商无论如何做都会遭受亏损

33. 对于一个完全竞争的企业而言，下列哪一条是正确的？（　　）

  A. 它在决策时必须考虑其他企业的反应

  B. 无论如何它都有正常利润

  C. 如果所有企业都减少产量，价格会上升

  D. 它可以减少产量来提高价格

二、多选题

34. 按市场结构分类，市场可分为（　　）。

  A. 完全竞争市场 B. 垄断竞争市场

  C. 寡头市场 D. 垄断市场

35. 完全竞争市场的特征是（　　）。

  A. 市场上有无数的买者和卖者 B. 厂商供给的产品没有任何差异

  C. 具有完全信息 D. 厂商可以自由进入或退出

36. 关于完全竞争市场，如下哪些说法是正确的？（　　）

  A. 众多的买者和卖者都是既定价格的接受者

  B. 可以满足买者多层次的产品需求

  C. 现实世界找不到理想的完全竞争市场，只是存在接近这个标准的市场

  D. 有非常多的厂商，多到每个厂商市场份额微不足道

37. 关于竞争企业在短期的供给曲线，如下哪些说法是错的？（　　）

  A. 供给曲线是处于最低平均总成本以上部分的边际成本曲线

  B. 供给曲线是处于最低平均可变成本以上部分的边际成本曲线

  C. 供给曲线就是整条边际成本曲线

  D. 供给曲线上的每一点对企业而言都是利润最大化的

38. 关于完全竞争市场,如下哪些说法是正确的?（   ）

　　A. 厂商需求曲线是水平的

　　B. 市场需求曲线是负斜率倾斜的

　　C. 厂商销售产品的边际收益与价格相等

　　D. 商品价格由市场需求单方面决定

三、判断题(正确的填"A",错误的填"B")

39. 市场竞争程度的强弱是微观经济学划分市场类型的标准。　　（　）

40. 西方经济学首先研究完全竞争模型是因为它是其他市场分析的起点。

　　　　　　　　　　　　　　　　　　　　　　　　　　　　　（　）

41. 完全竞争厂商的平均收益曲线和边际收益曲线与需求曲线是相同的。

　　　　　　　　　　　　　　　　　　　　　　　　　　　　　（　）

42. 完全竞争中有的厂商会为产品做广告而花费金钱。　　　　　（　）

43. 在完全竞争条件下,产品价格等于平均收益并等于边际收益。（　）

44. 某厂商产量达到 5 万时的 $MR=65$ 元,$MC=55$ 元(其他条件一定),该厂商应继续扩大产量。　　　　　　　　　　　　　　　　　　　（　）

45. 在长期均衡点,完全竞争市场中每个厂商的利润都为零。因而,当价格下降时,所有这些厂商就都无法继续经营。　　　　　　　　　　　（　）

46. 边际收益与边际成本相等,说明厂商必定得到了最大利润。　（　）

47. 厂商的短期供给曲线向右上方倾斜是因为边际成本递增。　（　）

48. 处于完全竞争产品市场而不同时处于完全竞争要素市场的厂商也是完全竞争厂商。　　　　　　　　　　　　　　　　　　　　　　　（　）

49. 所有完全竞争的企业都可以在短期均衡时实现经济利润最大化。

　　　　　　　　　　　　　　　　　　　　　　　　　　　　　（　）

50. 完全竞争厂商的短期均衡产量由边际收益与短期边际成本曲线的交点决定,与固定成本无关。　　　　　　　　　　　　　　　　　　　（　）

51. 企业获得经济利润则一定获得正常利润。　　　　　　　　　（　）

52. 完全竞争厂商实现短期均衡时,可获得经济利润。　　　　　（　）

53. 在厂商短期均衡产量上,$AR<SAC$,但 $AR>AVC$,则厂商亏损,但应继续生产。　　　　　　　　　　　　　　　　　　　　　　　　　　（　）

54. 完全竞争厂商面对的需求曲线由市场价格决定,故其完全缺乏弹性。

　　　　　　　　　　　　　　　　　　　　　　　　　　　　　（　）

55. 完全竞争厂商实现短期均衡时，SMC 曲线和 AVC 曲线的交点被称为停业点。   （   ）

四、作图分析题

56. 作图说明完全竞争厂商可能面临的几种短期均衡的形成及其条件。

57. 劳动力短缺导致工资上涨，画图分析完全竞争厂商的短期均衡调整。

五、计算题

58. 在短期的完全竞争市场上,市场供给函数 $Q_s=1\,800P-60\,000$,市场需求函数 $Q_d=100\,000-200P$,若有个厂商的短期成本函数 $TVC=0.1q^3-6q^2+132.5q$,$TFC=400$。求:

(1) 该厂商利润最大化的产量。

(2) 市场价格下降为多少时,该厂商停止生产?

59. 假定某完全竞争行业中有 500 家完全相同的厂商,每个厂商的成本函数为 $STC=0.5Q^2+Q+10$。求:

(1) 市场的供给函数。

(2) 假定市场的需求函数为 $Q_D=4\,000-400P$,求市场均衡价格。

60. 某完全竞争市场的需求函数为 $Q_d=600-50P$，供给函数为 $Q_s=-100+50P$。政府对生产者征收 $T=4$ 的从量税。求：

(1) 税前均衡价格 P_e 和数量 Q_e。

(2) 税后消费者支付价格 P_d 和生产者获得价格 P_s。

61. 某厂商处于完全竞争市场中，它的成本函数为 $STC=0.1q^2+8q$，该企业利润最大化的产量为 $q=30$。现在企业准备再建一条生产线，新生产线的成本函数为 $STC=0.05q^2+10q$，求新生产线的产量是多少？

62. 某完全竞争行业的长期总成本函数为 $LTC=Q^3-40Q^2+600Q$,市场需求函数为 $Q_d=13\,000-5P$。求:

(1) 行业长期均衡价格 P_e 和单个厂商产量 Q_e。

(2) 长期均衡时的厂商数量。

63. 一个完全竞争厂商的总成本函数如下表所示,当价格分别为 13、14、15、16、17 美元时,厂商的产量将各是多少?

总产量	0	1	2	3	4	5	6	7
总成本	20	30	42	55	69	84	100	117

64. 假设某完全竞争厂商生产的某产品的边际成本函数为 $MC=0.4Q-12$，总收益的函数为 $TR=20Q$，并且已知生产 10 件产品时总成本为 100 元，求生产多少件时利润极大，其利润为多少？

65. 完全竞争行业中某个厂商的成本函数为 $STC=q^3-6q^2+30q+40$，假设产品的价格为 66 元，试求：

(1) 利润极大化时的产量以及利润总量。

(2) 如果市场均衡价格变为 30 元，那么，厂商是否会发生亏损？如果会的话，那么最小的亏损额为多少？

(3) 该厂商在什么样的情况下才会停止生产？

66. 假设某完全竞争行业有 100 个相同的厂商,每个厂商的成本函数为 $STC=0.1Q^2+Q+10$。

(1) 求市场供给函数。

(2) 假设市场需求函数为 $Q_d=4\,000-400P$,求市场的均衡价格和产量。

67. 已知某完全竞争行业中单个厂商的短期成本函数为 $STC=0.1Q^3-2Q^2+15Q+10$。

(1) 当市场上产品的价格为 $P=55$ 时,求厂商的短期均衡产量和利润。

(2) 当市场价格下降为多少时,厂商必须停产?

(3) 求厂商的短期供给函数。

六、简答题

68. 为什么完全竞争中的厂商不愿为产品做广告而花费任何金钱?

69. 近年来,多地农民通过直播平台直销蔬菜、水果等农产品,价格透明且参与者众多。结合完全竞争市场的四个条件,分析农产品直播电商市场是否接近完全竞争结构?

70. 为什么利润极大化原则 $MR=MC$ 在完全竞争条件下可以表达为$MC=P$？

71. 如果在短期，一完全竞争的厂商发现无论他选择何种产出水平(产出大于零)都会蒙受亏损，那么这个厂商还会继续经营吗？（提示：考虑"停业点"）请说明理由。

72. 解释以下关于利润最大化的竞争企业的陈述为什么是错的,并正确地重新陈述每一句话。

(1) 一个竞争企业将提高产量,直到价格等于平均可变成本的那一点为止。

(2) 企业的停止营业点发生在价格低于最低平均成本的时候。

(3) 竞争性企业使价格等于边际成本。

73. 某网约车平台司机在早晚高峰时段单价相同。请用完全竞争理论解释:

(1) 为何司机是"价格接受者"?

(2) 其需求曲线为何是水平线?

七、论述题

74. 为什么"高固定成本是厂商亏损的原因,但永远不会是厂商关门的原因"?

75. 2025年全球小麦丰收导致价格跌至历史低位,部分农场主亏损。请用完全竞争市场特征分析:
（1）为何小麦市场接近完全竞争?
（2）农场主短期内是否应停产?

八、案例分析题

76. 苏果超市是南京市民日常购物最常去的超市,其在南京经营网点众多,而且区分不同的种类。比如,华润苏果是最大型的店铺,一般位于繁华的商圈,里面"吃喝住用行"各种商品一应俱全,可以满足消费者"一站式"的购物需求;而开在居民社区附近的社区店,规模适中,主营各种家居用品,满足居民日常吃喝用;最小的苏果便利店,有的干脆开在居民楼下,24小时营业,以早点、饮料、面包、烟酒等方便食品为主。

苏果各店经常搞种类众多的促销活动,效果最好的却是鸡蛋促销。鸡蛋促销时,每斤鸡蛋的价格比市场价格便宜2角左右,鸡蛋促销的条件严格,例如,在每天特定的时间点开卖,需要会员卡,每人限购2斤,只有在华润苏果促销,等等。但是,你可能经常看到,往往是鸡蛋促销时间还没到,鸡蛋的摊位前就排起长长的队伍,队伍中以老年人为主,促销的鸡蛋往往在短时间内就被卖空。

我们采访了一位老人,她是和老伴一起来的,家并不住在附近,但是小区门口有直达这家华润苏果店的免费购物班车,今天老两口来能买4斤便宜的鸡蛋回去。老人每两个星期就会来一次,除了买鸡蛋,也顺便买一些日常用品。"买这么多鸡蛋回去,您能吃得了吗?""确实吃不了,我们是帮儿女们带的,他们工作忙,买不到便宜的鸡蛋,鸡蛋又是家常菜,常备一些方便。你看我今天买的这两袋,儿子家一袋,女儿家一袋,周末来就让他们拿回去了。老头儿胆固醇高,不能吃鸡蛋,我也吃不了多少,主要是给他们的。"

鸡蛋是家常食材,平时生活确实不能少,但是我也发现,超市中的鸡蛋并非这一种,在促销鸡蛋摊位的旁边,就有各种包装精良、品牌各异的鸡蛋,分为草鸡蛋、乌鸡蛋、有机鸡蛋等。品牌也多得很,有的还在每颗鸡蛋上印着商家的Logo,有的保证有机,有的保证纯天然。当然,这些鸡蛋的价格不菲,基本上是促销鸡蛋的2倍。促销鸡蛋销售火爆,而这些品牌的鸡蛋却无人问津,有的甚至没有买到促销鸡蛋的老人也不愿意买这些价格贵的鸡蛋。

请分析:

(1) 普通鸡蛋市场可以近似认为是什么市场结构?简述这种市场的特征及其产生的原因。

(2) 促销鸡蛋销售火爆,为什么品牌鸡蛋无人问津?

(3) 有人建议品牌鸡蛋应该多做做广告,扩大市场宣传,也许能促进销量,对于这个问题,你怎么看?

(4) 如果大部分人都认为鸡蛋胆固醇高,不利于健康,那么鸡蛋市场在短期会有什么变化? 长期呢?

(本案例由周宁老师编写)

第二节　完全竞争企业的长期均衡

一、单选题

1. 在完全竞争厂商的长期均衡产量上必然有（　　）。
   A. $MR=LMC\neq SMC$，其中 $MR=AR=P$
   B. $MR=LMC=SMC\neq LAC$，其中 $MR=AR=P$
   C. $MR=LMC=SMC=LAC\neq SAC$，其中 $MR=AR=P$
   D. $MR=LMC=SMC=LAC=SAC$，其中 $MR=AR=P$

2. 当一个完全竞争行业实现长期均衡时，每个企业（　　）。
   A. 都实现了正常利润　　　　B. 利润都为零
   C. 行业中没有任何厂商再进出　D. 以上说法都对

3. 完全竞争厂商能通过何种手段来获得非正常利润？（　　）
   A. 制定一个低于其竞争对手的价格
   B. 制定一个高于其竞争对手的价格
   C. 进行技术创新
   D. 使其产品有别于其他厂商的产品

4. 某完全竞争行业的价格和供给量在长期内呈同方向变动，则该行业的长期供给曲线（　　）。
   A. 水平状态　　　　　　　　B. 向右下方倾斜
   C. 向右上方倾斜　　　　　　D. 呈垂直线

5. 某城市外卖骑手过剩导致单价从 8 元降至 5 元，骑手月均可变成本（AVC）最低 5 元，长期平均成本（LAC）最低 6 元。长期来看，（　　）。
   A. 骑手集体罢工　　　　　　B. 骑手增加接单量
   C. 平台提高抽成比例　　　　D. 部分骑手退出行业

6. 如果一个完全竞争性市场位于长期均衡中，那么所有厂商（　　）。
   A. 采取完全相同的生产工艺　B. 具有统一的最低平均成本
   C. 经济利润都为零　　　　　D. 以上都对

7. 在完全竞争市场中行业的长期供给曲线取决于（　　）。
   A. SAC 曲线最低点的轨迹　B. SMC 曲线最低点的轨迹
   C. LAC 曲线最低点的轨迹　D. LMC 曲线最低点的轨迹

8. 完全竞争企业在长期均衡状态下,成本不变的行业中,产量的增加量（　　）。

　　A. 完全来自新企业

　　B. 完全来自原有企业

　　C. 要么来自原有企业,要么来自新企业

　　D. 部分来自新企业,部分来自原企业

9. 若种菜长期平均成本 LAC 最低为 1 元/斤,当前市价 0.9 元/斤,菜农应（　　）。

　　A. 一起改行　　　　　　B. 采用节水技术

　　C. 等待价格回升　　　　D. 联合减产

10. 在新技术进步引起完全竞争行业新的长期均衡时,下列哪种说法是不正确的?（　　）

　　A. 价格将降低

　　B. 行业产量将增加

　　C. 企业利润将增加

　　D. 行业中所有的企业都采用了新技术

11. 当一个竞争企业处于长期生产中时,虽然只能做到收支相抵,但是仍然会留在这个市场,这是因为（　　）。

　　A. 它已经获得正常利润,离开也不会更好

　　B. 它寄希望未来获得超额利润

　　C. 它已经投产,固定设备已成沉没成本,无法退出

　　D. 它在前一段时期获得了超额利润

12. 完全竞争厂商能通过（　　）来提高产量。

　　A. 降低价格　　B. 提高价格　　C. 扩大规模　　D. 广告促销

13. 一完全竞争的厂商现能生产产品 $Q=100$,其价格 $P=5$,总成本 $=200$,其规模收益不变,长期内企业将（　　）。

　　A. 获得超额利润　　　　B. 提高价格

　　C. 扩大生产规模　　　　D. 以上都错误

14. 在竞争市场的均衡中,如果没有外部性、信息不对称和公共品,在其他条件不变的前提下,资源配置存在如下哪个特点?（　　）

　　A. 离开这个均衡点一定会损害至少一个人的利益

　　B. 要增进一个人的利益,就必须减少他人的利益

　　C. 消费者获得最大效用,生产者获得最大利润

D. 以上三条全部成立(如果三条全部成立,意味着资源配置是有效率的)

二、多选题

15. 完全竞争厂商(　　)。
    A. 短期利润可能为负数,长期利润为零
    B. 短期利润可能为正数,长期利润为零
    C. 短期利润可能为零,长期利润为正数
    D. 短期利润可能为零,长期利润为零
    E. 短期和长期利润都为正数

16. 当完全竞争厂商实现长期均衡时(　　)。
    A. $MR=AR$ B. $MR=P$
    C. $P=LMC$ D. $LMC=LAC$
    E. $LAC=P$

17. 行业长期供给曲线向右上方倾斜,可能是因为(　　)。
    A. 成本递增行业(如稀土开采)
    B. 成本递减行业(如早期芯片制造)
    C. 外部经济效应显著
    D. 要素价格随产量上升

18. 若市场需求增加,成本不变行业长期调整结果是(　　)。
    A. 均衡价格上升   B. 单个厂商产量增加
    C. 厂商数量增加   D. 行业总产量增加

19. 完全竞争厂商面临的需求曲线与平均成本曲线相切是(　　)。
    A. 厂商在短期内得到最大利润的充要条件
    B. 该行业厂商数量不再变化的条件
    C. 厂商在长期内得到最大利润的充要条件
    D. 厂商在长期内亏损最小的条件

三、判断题(正确的填"A",错误的填"B")

20. 在完全竞争条件下,因为厂商无法影响价格,所以不论在短期还是在长期,价格曲线都不会移动。(　　)

21. 对于任何厂商来说,在长期均衡中都必然实现 $TR>TC$。(　　)

22. 在完全竞争的行业中,一个代表性企业的需求曲线与平均成本曲线相切,说明企业和行业都已经达到长期均衡。(　　)

23. 经济利润为零时,企业无法覆盖隐性成本。 （　　）
24. 技术进步使 LAC 曲线下移,长期均衡价格上升。 （　　）

四、作图分析题

25. 作图说明完全竞争市场条件下,厂商的长期与短期均衡有什么不同?

五、计算题

26. 某成本不变的完全竞争行业的代表性厂商的长期总成本函数为 $LTC = Q^3 - 60Q^2 + 1\,500Q$,产品价格 $P = 975$ 美元,市场需求函数为 $P = 9\,600 - 2Q$,试求:

(1) 利润极大时的产量、平均成本和利润。

(2) 该行业长期均衡时的价格和厂商的产量。

(3) 用图形表示上述(1)和(2)。

(4) 若市场需求曲线是 $P = 9\,600 - 2Q$,试问长期均衡中留存于该行业的厂商数是多少?

27. 在一个处于完全竞争的成本不变的行业中,每个厂商的长期成本函数为 $LTC=q^3-50q^2+750q$,市场上对产品的需求曲线为 $Q=1\,500-2P$,试求:

(1) 该行业的长期供给曲线。

(2) 长期均衡时的厂商数量。

(3) 如果对产品征收市场价格10%的税,那么长期均衡时的厂商数量又是多少?

28. 完全竞争市场上单个厂商的长期成本函数为 $LTC=Q^3-20Q^2+200Q$,市场的产品价格为 $P=600$。求:

(1) 该厂商实现利润最大化时的产量、平均成本和利润各是多少?

(2) 该行业是否处于长期均衡? 为什么?

(3) 该行业处于长期均衡时,每个厂商的产量、平均成本和利润各是多少?

(4) 判断(1)中厂商是处于规模经济阶段,还是规模不经济阶段?

29. 某竞争行业所有厂商的规模都相等,都是在产量达到 600 单位时达到长期平均成本的最低点 5 元,当用最优的企业规模生产 700 单位产量时,每一个企业的短期平均成本为 6 元,边际成本为 7 元,市场需求函数为 $Q_d = 80\,000 - 6\,000P$,供给函数为 $Q_s = 20\,000 + 4\,000P$。求:

(1) 市场均衡价格是多少? 该行业处于短期均衡还是长期均衡?

(2) 若处于短期均衡,单个企业此时的产量和利润是多少? 是否为最优产量决策?

(3) 当处于长期均衡时,该行业有多少厂商?

30. 已知某完全竞争的成本递增行业的长期供给函数为 $LS = 5\,500 + 300P$。试求:

(1) 当市场需求函数为 $D = 8\,000 - 200P$ 时,市场的长期均衡价格和均衡产量。

(2) 当市场需求增加、市场需求函数为 $D = 10\,000 - 200P$ 时,市场的长期均衡价格和均衡产量。

(3) 比较(1)和(2),说明市场需求变动对成本递增行业的长期均衡价格和均衡产量的影响。

31. 已知某完全竞争市场的需求函数为 $D=6\,300-400P$,短期市场供给函数为 $SS=3\,000+150P$;单个企业在 LAC 曲线最低点的价格为 6,产量为 50;单个企业的成本规模不变。

(1) 求市场的短期均衡价格和均衡产量。

(2) 判断(1)中的市场是否同时处于长期均衡,求行业内的厂商数量。

(3) 如果市场的需求函数变为 $D_1=8\,000-400P$,短期供给函数为 $SS_1=4\,700+150P$,求市场的短期均衡价格和均衡产量。

(4) 判断(3)中的市场是否同时处于长期均衡,并求行业内的厂商数量。

(5) 判断该行业属于什么类型。

(6) 需要新加入多少企业,才能提供由(1)到(3)所增加的行业总产量?

六、简答题

32. 完全竞争在现实中缺乏对应物,为什么还要研究它?(讨论完全竞争市场理论的意义)

33. 碳税增加厂商边际成本,分析在完全竞争市场中厂商数量的长期变化。

34. 假设某完全竞争行业为成本不变行业。若市场需求增加,描述长期均衡调整过程,并说明其长期供给曲线为何是水平的。

35. "在长期均衡点,完全竞争市场中每个厂商的利润都为零。因而,当价格下降时,所有这些厂商就无法继续经营。"这句话对吗?为什么?

36. 解释以下对话：
   A:"在长期内,竞争的利润怎么能是零呢？谁愿意不赚钱干活呢？"
   B:"竞争所消除的仅仅是超额利润。管理人员仍然得到了他们工作的薪金。"

七、论述题

37. 完全竞争市场长期均衡是怎样实现的？完全竞争市场长期均衡的特点是什么？

38. 政府向风电企业提供补贴,导致企业数量增加。从完全竞争长期均衡角度,分析补贴政策如何影响厂商数量、市场价格及资源配置效率。

39. 充分自由竞争的市场是有效率的,如果政府对价格进行限制,会有什么影响?

八、案例分析题

40. 1991年12月4日,世界著名的泛美国际航空公司关门倒闭。这家公司自1927年投入飞行以来,曾经创造了辉煌的历史,其公司的白底蓝字标志是世界上广为人知的企业标志之一。然而,对于熟悉内情的人来说,这家公司的倒闭是意料之中的事情,奇怪的是,什么支撑了这个航空业巨子这么多年?因为整个20世纪80年代中,除了一年以外,这家公司年年都在亏损,亏损总额将近20亿美元。1991年1月,该公司正式宣布破产,然而这个日子距离公司关闭的日子又将近一年。究竟是什么力量支持垂死的"巨人"又多活了一段时间,而且,在1980年出现首次亏损后,为什么不马上停止该公司的业务?又是什么因素使这家公司得以连续亏损经营12年之久?请运用完全竞争理论加以分析。

41. 近年来，我国新能源汽车充电桩市场呈现爆发式增长，2024 年全国充电桩保有量突破 1 000 万台，但行业竞争激烈，部分企业因运营成本高企陷入亏损。请结合完全竞争市场长期均衡理论，回答以下问题：

(1) 分析充电桩市场在短期内可能出现的企业盈利或亏损状态，并说明其形成原因。

(2) 长期来看，该市场如何实现均衡？请用完全竞争长期均衡的条件进行解释。

(3) 结合行业现状，探讨影响充电桩市场达到长期均衡的现实阻碍因素，并提出相应的政策建议。

第五章 不完全竞争市场

第一节 垄 断

一、单选题

1. 以下最不可能成为垄断者的是（   ）。
   A. 小镇上唯一的医生　　　　　B. 麦当劳
   C. 某地区的电力公司　　　　　D. 某地区的自来水公司

2. 下列市场中最有可能是完全垄断市场的是（   ）市场。
   A. 石油　　　B. 劳动力　　　C. 粮食　　　D. 自来水

3. 对于垄断厂商，下列说法错误的是（   ）。
   A. 垄断厂商可以控制和操纵市场价格
   B. 垄断厂商是市场价格的接受者
   C. 垄断厂商生产和销售的产品没有替代品
   D. 垄断厂商是市场上唯一的生产者和销售者

4. 对于形成垄断的原因，下列说法正确的是（   ）。
   A. 垄断厂商控制了生产某种商品的全部资源或专利权
   B. 政府特许
   C. 自然垄断
   D. 以上说法都对

5. 关于自然垄断行业，下列说法错误的是（   ）。
   A. 行业的技术特点要求一个很大的生产规模
   B. 垄断厂商控制了整个行业的生产和销售
   C. 自然垄断行业往往存在很多企业
   D. 水电气行业一般是自然垄断行业

6. 如果垄断厂商的需求曲线变得更富有弹性，其定价会（   ）。
   A. 上升　　　B. 下降　　　C. 不变　　　D. 无法确定

7. 对于完全垄断厂商来说,( )。

   A. 提高价格一定能够增加收益

   B. 降低价格一定减少收益

   C. 提高价格未必增加收益,降低价格未必减少收益

   D. 以上都不对

8. 完全垄断厂商的总收益与价格同时下降的前提条件是( )。

   A. $e_d>1$ B. $e_d<1$ C. $e_d=1$ D. $e_d=0$

9. 对于垄断厂商的收益曲线,下列说法错误的是( )。

   A. AR 曲线与需求曲线 d 重合

   B. MR 曲线位于 AR 曲线的左下方

   C. 当 $MR=0$ 时,TR 曲线达到最小值点

   D. MR 曲线向右下方倾斜

10. 对于垄断厂商的边际收益、价格和需求的价格弹性的关系,下列说法错误的是( )。

    A. 当 $e_d>1$ 时,$MR>0$。厂商的总收益随着销售量的增加而增加

    B. 当 $e_d<1$ 时,$MR<0$。厂商的总收益随着销售量的增加而减少

    C. 当 $e_d=1$ 时,$MR=0$。厂商的总收益达到极大值点

    D. 当 $e_d=0$ 时,$MR=0$。厂商的总收益达到极大值点

11. 完全垄断市场中如果 A 市场的价格高于 B 市场的价格,则( )。

    A. A 市场的需求弹性大于 B 市场的需求弹性

    B. A 市场的需求弹性小于 B 市场的需求弹性

    C. 两个市场的需求弹性相同

    D. 以上都不正确

12. 在竞争性市场和垄断市场中,下列哪种情况下厂商将扩大产出水平?( )

    A. 价格低于边际成本   B. 价格高于边际成本

    C. 边际收益低于边际成本   D. 边际收益高于边际成本

13. 垄断厂商利润最大时,( )。

    A. $P=MR=MC$ B. $P>MR=AC$

    C. $P>MC=AC$ D. $P>MR=MC$

14. 垄断厂商短期均衡时,( )。

    A. 厂商一定能获得超额利润

    B. 厂商一定不能获得超额利润

C. 只能得到正常利润

D. 取得超额利润，发生亏损及获得正常利润三种情况都可能发生

15. 如果市场价格超过平均成本，边际收益大于边际成本，垄断厂商多卖1单位时(　　)。

　　A. 对总利润没有影响，但会缩小边际收益和边际成本之间的差额

　　B. 总利润会减少

　　C. 厂商总收益会减少，其数额等于 $P-AC$

　　D. 总利润会增加，其数额为 $MR-MC$，并缩小 MR 和 MC 之间差额

16. 垄断厂商的供给曲线(　　)。

　　A. 是边际成本曲线　　　　B. 不存在

　　C. 是平均成本曲线　　　　D. 是市场需求曲线

17. 完全垄断厂商长期均衡条件是(　　)。

　　A. $MR=MC$

　　B. $MR=SMC=LMC$

　　C. $MR=SMC=LMC=SAC$

　　D. $MR=SMC=LMC=SAC=LAC$

18. 如果一管理机构对一个垄断厂商的限价正好使经济利润消失，则价格等于(　　)。

　　A. 边际收益　　　　　　　B. 边际成本

　　C. 平均成本　　　　　　　D. 平均可变成本

19. 垄断利润或者说超额利润(　　)。

　　A. 不是一种成本，因为它不代表生产中使用的资源所体现的替换成本

　　B. 不能为垄断者在长期中所获取，因为价格在最优产出水平上必须等于长期平均成本

　　C. 为保证资本继续进入该行业所必需

　　D. 为完全竞争者和垄断者在长期中获取

20. 与完全竞争市场相比，垄断市场的效率损失主要体现在(　　)。

　　A. 产量更高

　　B. 价格更低

　　C. 产生无谓损失(Deadweight Loss)

　　D. 消费者剩余增加

21. 垄断厂商实行价格歧视，必须具备以下哪项基本条件？(　　)

　　A. 市场的消费者具有不同的偏好，且这些偏好可以被区分开

B. 不同的消费者群体或不同的销售市场是相互隔离的

C. A 和 B

D. 除了 A 和 B,还要求所出售的产品具有不同的成本

22. 对于一级价格歧视,下列说法错误的是(　　)。

A. 垄断厂商按照消费者愿意支付的最高价格出售产品

B. 垄断厂商实现价格歧视时的产量大于无价格歧视时的产量

C. 垄断厂商占有了全部的消费者剩余

D. 一级价格歧视下的资源配置效率和完全垄断一样

23. 三级价格歧视的关键条件是(　　)。

A. 市场之间可以套利　　　　B. 不同市场的需求弹性不同

C. 生产成本相同　　　　　　D. 政府允许

24. 下列哪一个不是垄断厂商实施三级价格歧视的条件?(　　)

A. 必须有不同类的消费者

B. 不同类消费者的价格弹性必须不同

C. 转售非常困难

D. 垄断厂商在所有时长都必须面对一条有弹性的需求曲线

25. 旅游门票价格往往有团体票和散客票之分,这属于(　　)。

A. 一级价格歧视　　　　　　B. 二级价格歧视

C. 三级价格歧视　　　　　　D. 正常价格

26. 假设市场 1 的需求价格弹性为 2,市场 2 的需求价格弹性为 4。假设厂商实行三级价格歧视并追求利润最大化。下列说法正确的是(　　)。

A. 市场 1 的价格是市场 2 的 2 倍

B. 市场 1 的价格是市场 2 的 1.5 倍

C. 市场 2 的价格是市场 1 的 2 倍

D. 市场 2 的价格是市场 1 的 1.5 倍

27. 实行(　　)情况下,生产者剩余最大。

A. 一级价格歧视　　　　　　B. 二级价格歧视

C. 三级价格歧视　　　　　　D. 无差别价格

28. 如果某垄断厂商在两个分割的市场上出售同种产品,三级价格歧视的均衡条件是(　　)。

A. $MR_1 = MR_2 = AC$　　　　B. $MR_1 = MR_2 = MC$

C. $MR_1 > MR_2 = MC$　　　　D. $MR_1 = MR_2 > MC$

二、判断题(正确的填"A",错误的填"B")

29. 垄断厂商在短期或长期都有可能获得最大利润。　　　(　)
30. 完全竞争市场的经济效率最低,垄断市场的经济效率最高。　(　)
31. 垄断市场的垄断程度最高,垄断竞争市场居中,寡头市场最低。(　)
32. 垄断厂商面临的需求曲线就是市场需求曲线,是一条向右上方倾斜的曲线。　(　)
33. 垄断厂商面临的需求曲线可以是直线型,也可以是曲线型。　(　)
34. 梯级电价是二级价格歧视。　(　)
35. 在实施一级价格歧视的情况下,垄断厂商剥夺了全部的消费者剩余。
　(　)
36. 垄断总可以获得经济利润。　(　)
37. 如果一个垄断者实行完全价格歧视,它的产量水平应该在边际成本曲线和需求曲线相交处。　(　)
38. 垄断厂商在短期均衡点可以获得最大利润,也可以利润为零甚至亏损。
　(　)

三、作图分析题

39. 画图说明垄断厂商短期均衡条件的形成。垄断厂商在短期内总能获得利润吗？请画图分别讨论垄断厂商在短期均衡点的五种情况。

40. 画图说明垄断厂商长期均衡的形成及其条件。

四、问答题

41. 解释为什么下面的两句话是错的，请写出正确的说法。

（1）在 $MC=P$ 时，垄断者达到利润最大化。

（2）垄断者将使其销售量达到最大。他们将生产比完全竞争更多的产量，垄断价格也较低。

42. 什么是一级价格歧视和二级价格歧视，垄断厂商执行哪种价格歧视更容易些？

43. 为什么垄断厂商实现利润最大化时总有 $P>MC$？你是如何理解这种状态的？

五、计算题

44. 假定某垄断厂商成本函数 $TC=0.5Q^2+10Q+5$，市场的需求函数 $P=70-2Q$。

(1) 求该厂商实现利润最大化时的产量、价格和利润。

(2) 如果要求该垄断厂商遵从完全竞争原则，那么该厂商实现利润最大化时的产量、价格和利润又是多少？

(3) 试比较(1)和(2)的结果，你可以得到什么结论？

45. 某垄断厂商成本函数 $STC=Q^2+6Q+5$,需求函数 $Q=30-P$,求：

(1) 该厂商的边际收益函数和边际成本函数。

(2) 利润最大化时的产量、价格、利润。

(3) 竞争均衡时的产量、价格、利润。

46. 一垄断厂商面临的需求曲线为 $Q=120-P$,它的平均可变成本为 $AVC=Q$,且它有固定成本 500。求：

(1) 该厂商利润最大化时的价格、产量和利润。

(2) 若政府最高限价为 40,求该厂商的价格、产量和利润。

(3) 若政府希望该厂商尽可能多生产以满足市场需求,则价格、产量和利润是多少？

47. 已知一垄断厂商的成本函数为 $TC=5Q^2+20Q$，需求函数为 $Q=140-P$。求：

（1）该厂商的边际收益函数和边际成本函数。

（2）利润最大化时的产量、价格、利润。

（3）政府以成本限价时的产量、价格及消费者剩余。

48. 已知某垄断厂商利用一个工厂生产一种产品，其产品在两个分割的市场上出售，其成本函数为 $TC=Q^2+40Q$，两个市场的需求函数分别为 $Q_1=12-0.1P_1$，$Q_2=20-0.4P_2$。求：

（1）当该厂商实行三级价格歧视时，厂商追求利润最大化前提下的两市场各自的销售量、价格，以及厂商的总利润。

（2）当该厂商在两个市场上实行统一价格时，厂商追求利润最大化前提下的销售量、价格，以及厂商的总利润。

（3）比较上述两种情况的结果。

49. 一个垄断厂商面临学生 s 的需求函数为 $Q_s=220-40p_s$,非学生 N 的需求函数为 $Q_N=140-20p_N$。已知 $AC=MC=0$,请问:

(1) 当不能差别定价时,如何定价? Q_s、Q_N、π 分别是多少?

(2) 当可以差别定价时,p_s、p_N、Q_s、Q_N、π 分别是多少?

50. 假定某垄断厂商生产两种相关联的产品,其中任何一种产品需求量的变化都会影响另一种产品的价格,这两种产品的市场需求函数分别为 $P_1=120-2Q_1-0.5Q_2$, $P_2=100-Q_2-0.5Q_1$。这两种产品的生产函数是相互独立的,分别为 $TC_1=50Q_1$, $TC_2=0.5Q_2^2$。求该垄断厂商关于每一种产品的产量和价格。

六、案例分析题

51. 电视新闻中,一个消费者正在讨论民航业。他说:"民航业提供如此多样的票价,以致一架飞机上几乎没有两个支付相同票价的乘客。这显然是不公平的。我们应该通过立法要求民航公司对同一架飞机所有乘客收取相同的票价。"请回答:(1)列出你能想到的民航公司根据顾客的支付意愿对他们进行划分的一些方法。(2)材料中定价方式的专业术语是什么?实施这种定价方式需要具备哪些条件?(3)民航公司向不同顾客收取不同价格能实现利润最大化吗?为什么?

第二节　垄断竞争与寡头

一、单选题

1. 关于垄断竞争市场，下列说法错误的是（　　）。
   A. 垄断竞争市场与完全竞争市场比较接近
   B. 一个市场中有许多厂商生产和销售无差别的同种产品
   C. 垄断竞争市场存在大量的厂商
   D. 厂商的生产规模通常比较小

2. 以下哪一种关于垄断竞争与垄断相似性和差别的说法是正确的？（　　）
   A. 垄断者面临一条向右下方倾斜的需求曲线，而垄断竞争者面临一条富有弹性的需求曲线
   B. 垄断者在长期中获得经济利润，而断竞争者在长期中获得零经济利润
   C. 垄断者和垄断竞争者在有效规模上经营
   D. 垄断者收取高于边际成本的价格，而垄断竞争者收取等于边际成本的价格

3. 以下哪一项不是垄断竞争市场的特征？（　　）
   A. 存在许多卖者　　　　　　B. 有差别的商品
   C. 长期存在经济利润　　　　D. 自由进入与退出

4. 在短期中，如果垄断竞争市场上价格高于平均总成本，企业就（　　）。
   A. 有亏损，而且有企业进入市场
   B. 有亏损，而且有企业退出市场
   C. 有利润，而且有企业进入市场
   D. 有利润，而且有企业退出市场

5. 关于垄断竞争厂商的 d 需求曲线，下列说法错误的是（　　）。
   A. 垄断竞争厂商预期改变价格可以使自己的生产沿着 d 需求曲线移动
   B. d 需求曲线反映了垄断竞争厂商的实际市场需求
   C. d 需求曲线也被称为主观需求曲线
   D. d 需求曲线也被称为预期的需求曲线

6. 关于垄断竞争厂商的 D 需求曲线，下列说法正确的是（　　）。

A. D 需求曲线反映了垄断竞争厂商的预期需求

B. D 需求曲线反映了垄断竞争厂商的实际需求

C. D 需求曲线反映了垄断竞争厂商单独改变价格时的预期供给产量

D. D 需求曲线也被称为主观需求曲线

7. 以下哪一种关于垄断竞争企业产量和定价的说法是正确的？垄断竞争企业选择的产量在边际成本等于(　　)。

A. 平均总成本处，然后用需求曲线决定与这种产量相一致的价格

B. 边际收益处，然后用需求曲线决定与这种产量相一致的价格

C. 平均总成本处，然后用供给曲线决定与这种产量相一致的价格

D. 边际收益处，然后用供给曲线决定与这种产量相一致的价格

8. 垄断竞争市场上厂商的短期均衡发生于(　　)。

A. 边际成本等于实际需求曲线中产生的边际收益时

B. 平均成本下降时

C. 主观需求曲线与实际需求曲线相交，并有边际成本等于主观需求曲线中产生的边际收益时

D. 主观需求曲线与平均成本曲线相切时

9. 当垄断竞争市场上厂商处于短期均衡时，下列说法正确的是(　　)。

A. 因为边际成本等于边际收益，垄断竞争厂商必然获得正的最大利润

B. 垄断竞争厂商可能获得正的最大利润，也可能利润等于零甚至为负

C. 主观需求曲线与实际需求曲线肯定不相交

D. 主观需求曲线与平均成本曲线肯定相切

10. 当垄断竞争市场上厂商处于长期均衡时，下列说法正确的是(　　)。

A. 垄断竞争厂商必然获得正的最大利润

B. 垄断竞争厂商的利润必定等于零

C. 垄断竞争厂商可能获得正的最大利润，也可能利润等于零，甚至为负

D. 主观需求曲线与实际成本曲线相切

11. 当垄断竞争市场上厂商处于长期均衡时，下列说法正确的是(　　)。

A. $MC=AC$　　　　　　　　B. $MC>AC$

C. $MC<AC$　　　　　　　　D. 上述说法都可能是正确的

12. 垄断竞争厂商的长期均衡条件是(　　)。

A. $MR=AR=LMC=SMC=LAC=SAC$

B. $MR=LMC=SMC, AR=LAC=SAC$

C. $MR=SMC$

D. $MR=AR=LMC$

13. 下列说法错误的是( )。

    A. 垄断竞争厂商的长期均衡产量大于理想的产量,存在不足的生产能力

    B. 垄断竞争厂商的长期均衡产量小于理想的产量,存在多余的生产能力

    C. 垄断竞争厂商的多余生产能力表明生产集团内厂商数量过多

    D. 垄断竞争厂商的多余生产能力是产品多样化的代价

14. 下列说法错误的是( )。

    A. 在垄断竞争市场上,只存在非价格竞争,不存在价格竞争

    B. 在完全竞争市场上,只存在价格竞争,不存在非价格竞争

    C. 垄断竞争厂商进行非价格竞争也是为了获得最大的利润

    D. 边际收益等于边际成本的原则对于非价格竞争仍然是适用的

15. 卡特尔(Cartel)的主要目标是( )。

    A. 提高竞争

    B. 联合制定价格以最大化整体利润

    C. 降低生产成本

    D. 增加消费者福利

16. 寡头垄断厂商的产品是( )。

    A. 同质的

    B. 有差异的

    C. 既可以是同质的,也可以是有差异的

    D. 以上都不对

17. 有些因素可以阻止竞争出现,也就是说,其他企业不能进入有超额利润的市场,这些因素被统称为( )。

    A. 政府管制　　　B. 进入障碍　　　C. 广告　　　D. 不变成本

18. 寡头市场中,厂商如果采用伯特兰模型(Bertrand Model)竞争,均衡结果是( )。

    A. 价格等于边际成本　　　　　　B. 价格高于边际成本

    C. 产量竞争　　　　　　　　　　D. 形成卡特尔

19. 垄断竞争厂商长期均衡点上,长期平均成本曲线处于( )。

    A. 上升阶段　　　　　　　　　　B. 下降阶段

    C. 水平阶段　　　　　　　　　　D. 以上三种情况都有可能

20. 广告在垄断竞争市场中的作用主要是(　　)。
    A. 降低价格　　　　　　　　B. 增加产品差异化
    C. 提高生产效率　　　　　　D. 减少成本

21. 以下关于垄断竞争与垄断相似性和差别的说法,正确的是(　　)。
    A. 垄断者面临一条向右下方倾斜的需求曲线,而垄断竞争者面临一条完全弹性的需求曲线
    B. 垄断者在长期中获得经济利润,垄断竞争者获得零经济利润
    C. 垄断者和垄断竞争者在有效规模上经营
    D. 垄断者价格高于边际成本,垄断竞争者价格等于边际成本的

22. 如果寡头进行勾结,并成功地形成一个卡特尔,市场结果是(　　)。
    A. 和垄断起作用时一样　　　B. 和竞争企业起作用时一样
    C. 和垄断竞争市场时一样　　D. 有效的,因为合作提高了效率

23. 古诺模型(Cournot Model)假设厂商的决策变量是(　　)。
    A. 价格　　　B. 产量　　　C. 广告支出　　　D. 成本

24. 当一个寡头单独选择使利润最大的生产水平时,它收取的价格(　　)。
    A. 大于垄断收取的价格,而小于竞争市场收取的价格
    B. 小于垄断收取的价格,而大于竞争市场收取的价格
    C. 大于垄断或竞争市场收取的价格
    D. 小于垄断或竞争市场收取的价格

25. 在垄断竞争中,利润会趋于零是由于(　　)。
    A. 产品差异　　　　　　　　B. 进入该行业容易
    C. 成本最小化　　　　　　　D. 收益最大化

26. 垄断竞争市场上厂商的短期均衡发生于(　　)。
    A. 边际成本等于实际需求曲线中产生的边际收益时
    B. 平均成本下降时
    C. 主观需求曲线与实际需求曲线相交,并有边际成本等于主观需求曲线中产生的边际收益时
    D. 主观需求曲线与平均成本曲线相切时

27. 下列结论是正确的(　　)。
    A. 一个行业内的厂商在长期均衡时是否实现了 $P=LMC$,是判断该行业是否实现了有效资源配置的一个条件
    B. 完全竞争市场厂商长期均衡点上有 $P=LMC$,表明资源在该行业得到了有效配置

C. 在不完全竞争市场上,在厂商长期均衡点上都有 $P>LMC$,表明资源在这些行业没有得到有效配置

D. 以上结论都对

二、判断题(正确的填"A",错误的填"B")

28. 垄断竞争厂商存在多余的生产能力。　　　　　　　　　(　　)
29. 垄断竞争厂商不存在具有规律性的供给曲线。　　　　　(　　)
30. 垄断者在长期中获得经济利润,垄断竞争者获得零经济利润。(　　)
31. 一个行业内的厂商在长期均衡时是否实现了 $P>LMC$,是判断该行业是否实现了有效资源配置的一个条件。　　　　　　　(　　)
32. 在垄断竞争市场上,厂商的长期利润大于零。　　　　　(　　)
33. 垄断者面临一条向右下方倾斜的需求曲线,垄断竞争者面临一条完全弹性的需求曲线。　　　　　　　　　　　　　　　(　　)
34. 垄断竞争厂商的长期均衡产量小于理想的产量,存在多余的生产能力。
　　　　　　　　　　　　　　　　　　　　　　　　(　　)
35. 按照古诺模型,每个寡头垄断者都假定对方价格保持不变。(　　)
36. 古诺双头垄断下的产量高于串谋下的产量。　　　　　　(　　)
37. 通过对不同市场的经济效率进行比较,完全垄断市场的经济效率最高。
　　　　　　　　　　　　　　　　　　　　　　　　(　　)

三、作图分析题

38. 作图对比分析完全竞争、垄断竞争和垄断三种市场组织的经济效率。

39. 画图说明垄断竞争厂商的长期均衡实现并说明其条件。

四、问答题

40. 为什么在垄断竞争市场上厂商面临的需求曲线通常比完全垄断的厂商所面临的需求曲线弹性要大?

41. 简述寡头市场的特征。

42. 试述古诺模型的主要内容和结论。

43. 弯折的需求曲线模型是如何解释寡头市场上的价格刚性现象的？

五、计算题

44. 某寡头行业有两个厂商,厂商 1 的成本函数为 $C_1=8Q_1$,厂商 2 的成本函数为 $C_2=0.8Q_2^2$,该市场的需求函数为 $P=152-0.6Q$。求该寡头市场的古诺模型解。(保留一位小数。)

45. 在某垄断竞争市场,代表性厂商的长期总成本函数为 $LTC=5Q^3-200Q^2+2\,700Q$,反需求函数为 $P=2\,200A-100Q$。求长期均衡时代表性厂商的产量和产品价格,以及 A 的数值。

46. 假设有两个寡头垄断厂商的行为遵循古诺模型,他们的成本函数分别为 $TC_1=0.1q_1^2+20q_1+100\,000$。$TC_2=0.4q_2^2+32q_2+20\,000$。这两个厂商生产一同质产品,其市场需求函数为 $Q=4\,000-10p$。根据古诺模型,试求:

(1) 厂商1和厂商2的反应函数。

(2) 均衡价格,厂商1和厂商2的均衡产量。

(3) 厂商1和厂商2的利润。

47. 某市场有甲、乙两家厂商,生产相同的产品。假设厂商甲的产量为 q_1,厂商乙的产量为 q_2,市场总产量 $Q=q_1+q_2$,市场出清价格 $P=8-Q$,再假设两厂商的生产都无固定成本,且每增加一单位产量的边际生产成本相等,即 $C_1=C_2=2$。

(1) 若两厂商同时决定各自产量(不合作),分别求他们的最优产量和利润。

(2) 若两厂商合作,他们的最优产量和利润是多少?

48. 假定某寡头市场有两个厂商生产同种产品,市场需求函数为 $P=100-Q$,两厂商的成本函数分别为 $TC_1=20Q_1$,$TC_2=0.5Q_2^2$。

(1) 假定两厂商按古诺模型行动,求两厂商各自的产量和利润量,以及行业的总利润量。

(2) 假定两厂商联合行动组成卡特尔,追求共同利润最大化,求两厂商各自的产量和利润量,以及行业的总利润量。

(3) 比较(1)和(2)的结果。

49. 假定某寡头厂商面临一条弯折的需求曲线,产量在 0~30 单位范围内时需求函数为 $P=60-0.3Q$,产量超过 30 单位时需求函数为 $P=66-0.5Q$;该厂商的短期总成本函数为 $STC=0.005Q^3-0.2Q^2+36Q+200$。

(1) 求该寡头厂商利润最大化的均衡产量和均衡价格。

(2) 假定该厂商成本增加,导致短期总成本函数变为 $STC=0.005Q^3-0.2Q^2+50Q+200$,求该寡头厂商利润最大化的均衡产量和均衡价格。

(3) 对以上(1)和(2)的结果做出解释。

六、案例分析题

50. 石油输出国组织(OPEC)通过协调成员国产量来影响国际油价,但其协议常因成员国"背叛"而难以维持。假设国际石油市场由两个 OPEC 国家(A 和 B)主导,其行为可视为古诺竞争或卡特尔合作。市场需求为 $P=120-Q$,两国边际成本均为 $MC=30$。请问:

(1) 从产量与价格角度,对比古诺均衡与卡特尔垄断解的差异。

(2) 结合博弈论,解释为何卡特尔协议在现实中难以长期维持。

(3) 除了成员国背叛动机,还有哪些现实因素削弱 OPEC 对油价的控制?

第六章 生产要素市场和收入分配

一、单选题

1. 生产要素所有者得到的收入是劳动的工资与(　　)。
   A. 资本的利润和货币的利息　　B. 资本的红利和货币的利息
   C. 资本的利息和土地的地租　　D. 资本的利润和土地的地租

2. 如果一种生产要素表现出边际产量递减,那么,多使用一单位该要素将(　　)。
   A. 引起增加的产量越来越少　　B. 引起产量减少
   C. 对产量没有影响　　D. 使该要素的边际产量增加

3. 在过去的100年里,美国的平均工资增加了,最恰当的描述是(　　)。
   A. 人们的工作时间越来越长
   B. 资本基础扩大,劳动者利用更先进设备来工作,劳动生产率下降
   C. 资本基础扩大,企业用资本替代劳动,劳动边际生产率更高
   D. 增加的教育和培训机会使劳动者的效率提高

4. 对要素的需求是(　　)。
   A. 一种最终产品需求
   B. 一种对最终产品的需求引起的需求
   C. 一种与最终产品无关的需求
   D. 以上都不对

5. 劳动的边际产品价值是(　　)。
   A. 商品价格乘以劳动的工资
   B. 劳动的工资乘以劳动量
   C. 商品价格乘以劳动的边际产量
   D. 劳动的工资乘以劳动的边际产量

6. 对于一个竞争的、利润最大化的企业,资本的边际产品价值曲线是企业的(　　)。
   A. 生产函数　　B. 边际成本曲线

C. 资本的供给曲线　　　　　　D. 资本的需求曲线

7. 假定在完全竞争的要素市场上各种生产要素的价格、产品的价格和边际收益均等于 4 美元，且此时厂商得到了最大利润，则各种生产要素的边际物质产品为（　　）。

　　A. 2　　　　　B. 1　　　　　C. 4　　　　　D. 不可确定

8. 生产要素的需求曲线所以向右下方倾斜，是因为（　　）。

　　A. 要素的边际收益产量递减

　　B. 要素生产的产品的边际效用递减

　　C. 要素参加生产的规模报酬递减

　　D. 不是以上的任何原因

9. 假定一个利润最大化的企业在竞争的劳动市场上雇佣劳动。如果劳动的边际产品价值大于工资，企业将（　　）。

　　A. 提高工资率　　　　　　　B. 降低工资率
　　C. 增加雇佣的劳动量　　　　D. 减少雇佣的劳动量

10. 提高工资会使个人的劳动时间（　　）。

　　A. 增加　　　　B. 减少　　　　C. 不变　　　　D. A 或 B

11. 某工人在工资为 5 元/小时，每周工作 75 小时；在工资为 7 元/小时，每周工作 60 小时。由此可以推定对于该工人而言（　　）。

　　A. 收入效应大于替代效应　　B. 收入效应等于替代效应
　　C. 收入效应小于替代效应　　D. 无法判定

12. 如果政府大力提倡用先进的机器来替代劳动，这将导致（　　）。

　　A. 劳动的供给曲线向右移动　　B. 劳动的需求曲线向右移动
　　C. 劳动的供给曲线向左移动　　D. 劳动的需求曲线向左移动

13. 使劳动的边际产量增加的技术进步将使（　　）。

　　A. 劳动需求曲线向左方移动　　B. 劳动需求曲线向右方移动
　　C. 劳动供给曲线向左方移动　　D. 劳动供给曲线向右方移动

14. 劳动的供给曲线所以向右上方倾斜，是由于（　　）。

　　A. 替代效应的作用

　　B. 收入效应的作用

　　C. 替代效应的作用弱于收入效应的作用

　　D. 替代效应的作用强于收入效应的作用

15. 工资率的上升所导致的替代效应是指（　　）。

　　A. 工作同样长的时间可以得到更多的收入

B. 工作较短的时间也可以得到同样多的收入

C. 工人宁愿工作更长的时间,用收入带来的享受替代闲暇带来的享受

D. 以上均对

16. 工资率的上升所导致的收入效应是指(　　)。

　　A. 工作同样长的时间可以得到更多的收入

　　B. 工作更长的时间可以得到更多的收入

　　C. 工人工作较短的时间也可以得到同样的收入,因而希望享受更多的闲暇

　　D. 以上均对

17. 收入效应所以发生,是因为在工资率提高的条件下,(　　)。

　　A. 工作同样长的时间能够得到更多的收入

　　B. 工作更长的时间可以得到更多的收入

　　C. 减少工作时间不至于导致物质生活水平的下降

　　D. 以上均对

18. 在完全竞争的市场里,假如劳动者的技能完全一样,那么任何工资差别都是(　　)。

　　A. 劳动质量不同形成的工资差别

　　B. 市场的不完全性形成的工资差别

　　C. 补偿性的工资差别

　　D. 以上都不对

19. 如果资本边际效率高于利息率(　　)。

　　A. 增加借款以增加投资有利可图

　　B. 在目前的投资水平上得到了最大利润

　　C. 在目前的投资水平上发生了亏损

　　D. 减少借款

20. 假定资本边际效率不变,利息率下降了,厂商将(　　)。

　　A. 增加对资本的需求量　　B. 减少对资本的需求量

　　C. 不再改变对资本的需求量　　D. 不能确定

21. 假定资本边际效率不变,在长期里,利息率(　　)。

　　A. 趋于上升　　B. 保持不变　　C. 趋于下降　　D. 不能确定

22. 假如把经济利润的来源归于企业家的创新,那么在完全竞争条件下,这种利润是不存在的。这是因为(　　)。

　　A. 在完全竞争的条件下,产品需求弹性为无穷

B. 假如出现创新,经济就不会处于完全竞争之中
C. 在完全竞争的条件下,正常利润都无法保证
D. 以上说法均错误

23. 劳动的供给增加将( )。
    A. 增加劳动的边际产品价值,并提高工资
    B. 减少劳动的边际产品价值,并降低工资
    C. 增加劳动的边际产品价值,并降低工资
    D. 减少劳动的边际产品价值,并提高工资

24. 鱼的需求减少( )。
    A. 减少了渔民的边际产品价值,降低了他们的工资,并减少了捕鱼行业的就业
    B. 增加了渔民的边际产品价值,提高了他们的工资,并增加了捕鱼行业的就业
    C. 减少了渔民的边际产品价值,降低了他们的工资,并增加了捕鱼行业的就业
    D. 增加了渔民的边际产品价值,提高了他们的工资,并减少了捕鱼行业的就业

25. 渔民供给的减少对捕鱼行业所用的资本市场有什么影响?( )
    A. 渔船的需求增加,渔船的租金率提高
    B. 渔船的需求减少,渔船的租金率下降
    C. 渔船的需求增加,渔船的租金率下降
    D. 渔船的需求减少,渔船的租金率提高

二、判断题(正确的填"A",错误的填"B")

26. 生产要素是劳动、土地和货币。 ( )
27. 如果只考虑劳动的替代效应,劳动的供给曲线向右上方倾斜。 ( )
28. 厂商对劳动的需求曲线总是具有负值斜率,而劳动供给曲线既可能呈正值斜率,又可能呈负值斜率。 ( )
29. 如果男女工具有相同的生产力,那么不会有厂商以不同的工资率雇佣他们,因为以低工资工人取代高工资工人总是有利可图的。 ( )
30. 如果均衡工资增加,劳动的边际产品产值就必定增加。 ( )
31. 劳动的需求曲线向右下方倾斜是因为生产函数表现出劳动的边际生产率递减。 ( )

32. 土地的供给量随着地租的增加而增加,因而土地的供给曲线向右上方倾斜。   (   )

33. 当资本边际效率大于利息率时,厂商继续借款进行投资仍有利可图。
   (   )

34. MRP 可视为要素市场上单位要素变动所带来的 MR,MFC 则可视为要素市场上单位要素变动所带来的 MC。   (   )

35. MRP 值与 MR 值,MFC 值与 MC 值是分别相等的。   (   )

36. 根据新古典经济学理论,提高工人边际产量的技术进步,将提高工人的实际工资。   (   )

三、作图分析题

37. 推导完全竞争市场的要素需求曲线,并简要说明其经济含义。

38. 作图说明完全竞争市场中均衡价格是如何形成的?

39. 假设巴西有大量林地被清理为农业用地。

(1) 作图说明这个事件对巴西农业用地市场的影响。巴西土地的边际产量和土地的租赁价格会发生什么变动？

(2) 作图说明这个事件对巴西农业工人市场的影响。农业工人的边际产量和工资会发生什么变动？

四、简答题

40. 为什么要素的需求由其边际收益产量曲线决定？

41. 试述厂商的要素使用原则。

42. 试分析政府最低工资立法对于劳动市场就业和工资的影响。

43. 分析说明要素使用原则与利润最大化原则有何联系。

44. 劳动的供给曲线为什么向后弯曲?

45. 土地的供给曲线为什么垂直?

46. "劣等土地上永远不会有地租",这句话对吗?

五、计算题

47. 已知生产函数为 $Q=-0.1L^3+6L^2+12L$。求:

(1) 平均产量和边际产量。

(2) 工资为 360 元时,产品价格为 30 元,求利润最大时的工人人数。

48. 设一厂商使用的可变要素为劳动 L，其生产函数为 $Q=-0.01L^3+L^2+38L$，其中，Q 为每日产量，L 是每日投入的劳动小时数，所有市场（劳动市场及产品市场）都是完全竞争的，单位产品价格为 0.10 美元，小时工资为 5 美元，厂商要求利润最大化。求厂商每天要雇佣多少小时劳动？

49. 给定规模收益不变的生产函数 $Q=AL^{\alpha}K^{\beta}$，根据边际生产力分配理论证明：α 为生产要素 L 的收入在总产值中所占的份额，β 为生产要素 K 的收入在总产值中所占的份额。

50. 某劳动市场的供求曲线分别为 $D_L=4\,000-50W$，$S_L=50W$。请问：

(1) 均衡工资为多少？

(2) 假如政府对工人每单位劳动征税 10 美元，则均衡工资为多少？

(3) 实际上对单位劳动征收的 10 美元税收由谁支付？

(4) 政府征收到的税收总额为多少？

51. 某消费者的效用函数为 $U=lY+l$，其中，l 为闲暇，Y 为收入（他以固定的工资率出售其劳动所获得的收入）。求该消费者的劳动供给函数，他的劳动供给曲线是不是向上倾斜的？

52. 某包装公司粘贴信封的数量为 $Q=10\,000\sqrt{L}$，L 为每小时的雇佣人数，该行业为完全竞争市场。求：

(1) 若每只信封的市价为 0.01 元，在竞争性工资分别为 10 元、5 元和 2 元时，该公司雇佣的工人数量，并据此画出劳动的需求曲线。

(2) 若公司支付的小时工资为 10 元，信封价格分别为 0.10 元、0.05 元和 0.02 元时的信封粘贴量，并据此画出信封的供给曲线。

六、案例分析

工资为何不同

据 2018 年 5 月 10 日某报纸刊登的某超市招聘广告,其中,理货员工资为 2 500~2 800 元/月,收银员工资为 2 650~3 000 元/月,红案厨师、白案厨师为 3 250~3 500 元/月。

讨论:为什么这些岗位收入存在差异?

第七章 一般均衡和效率

一、单选题

1. 如果只研究一个市场上出现的情况,而忽略其他市场,这种分析被称作(　　)。
   A. 局部均衡分析　　　　　　B. 供给和需求分析
   C. 部门均衡分析　　　　　　D. 一般均衡分析

2. 被西方经济学界推崇为"福利经济学之父"的是(　　)。
   A. 霍布森　　B. 庇古　　C. 帕雷托　　D. 埃奇沃斯

3. 同时分析经济中所有市场的相互关系,这种分析被称作(　　)。
   A. 局部均衡分析　　　　　　B. 供给和需求分析
   C. 部门均衡分析　　　　　　D. 一般均衡分析

4. 当洛伦兹曲线与绝对不平等线之间所夹的面积为 0 时,基尼系数等于(　　)。
   A. 等于 0　　B. 等于 1　　C. 等于无穷大　　D. 无法确定

5. 一般均衡分析(　　)。
   A. 对于研究密切相关的市场十分有用
   B. 同时决定所有价格
   C. 可以同时考虑商品市场和要素市场
   D. 以上说法都正确

6. 在一般均衡模型中,产品的供给之所以取决于工资和利息率,是因为(　　)。
   A. 这些投入的价格影响成本
   B. 家庭的收入受工资和利息率变化的影响
   C. 家庭能用闲暇或将来的消费来换取现有的产品
   D. 对资本的需求取决于工资率;

7. 如果有关的商品是互补品,局部均衡分析会(　　)税收的作用。
   A. 低估　　　　　　　　　　B. 高估

C. 正确估计   D. 以上三种均有可能

8. 下列哪种情况是帕累托最优?（   ）

   A. 收入分配公平

   B. 不使社会中某些成员福利变差就无法使其他成员福利改善

   C. 企业使其所有福利内部化

   D. 不损害他人福利而改善部分人的福利

9. 如果一个配置是帕累托有效的,那么(   )。

   A. 不存在使得每个人的境况都变好的交易

   B. 该配置位于契约曲线上

   C. 两个人的境况都比初始配置的境况好

   D. A 和 B 都正确

10. 假定只存在两个人(A 和 B)、两种商品(X 和 Y)的经济中,要想达到交换的帕累托最优的条件是(   )。

   A. 对于 A 和 B，$MRS_{XY}=P_X/P_Y$

   B. 对于 A 和 B，$MRS_{XY}^A > MRS_{XY}^B$

   C. 对于 A 和 B，$MRS_{XY}^A = MRS_{XY}^B$

   D. 不确定

11. 假定一个经济体中只有两种商品(X 和 Y),两种生产要素(L 和 K),那么要想达到生产的帕累托最优的条件是(   )。

   A. $MRTS_{LK}=P_L/P_K$ B. $MRTS_{LK}=MRS_{XY}$

   C. $MRTS_{LK}^X = MRTS_{LK}^Y$ D. $MRT_{XY}=MRS_{LK}$

12. 假定存在一个经济体,其中有两个人(A 和 B)、两种商品(X 和 Y),生产和交换同时达到帕累托最优的条件是(   )。

   A. $MRT_{XY}=MRS_{XY}^A=MRS_{XY}^B$ B. $MRT_{XY}=P_X/P_Y$

   C. $MRS_{XY}=P_X/P_Y$ D. $MRS_{XY}^A=MRS_{XY}^B$

13. 小李有 5 个鸡蛋和 5 只苹果,小陈有 5 个鸡蛋和 5 只苹果,小李更喜欢鸡蛋,小陈更喜欢苹果。在帕累托状态下,可能(   )。

   A. 小李消费更多的鸡蛋

   B. 小陈消费更多的苹果

   C. 两人的苹果和鸡蛋的边际替代率相等

   D. 上面说得都对

14. 两种产品在两个人之间进行分配,被称为帕累托最优的条件为(   )。

   A. 不使其他人受损失就不能使另一个人受益

B. 每个人都处在其消费契约曲线上

C. 每个人都处在他们的效用可能性曲线上

D. 包括以上所有条件

15. 某一交易使不在契约曲线上的一个点移至契约曲线上的某个点,则(　　)。

A. 某些人的境况变好,而另一些人的境况变差

B. 不使任何人的境况变差,而某些人的境况则会绝对变好

C. 没有人的境况会变好

D. 只有当初始配置发生改变时,这个交易才是可能的

16. 比较契约曲线上的两个点 Q 和 R,我们可以认为(　　)。

A. 它们都是有效率的

B. 消费者会自愿从 Q 移至 R

C. Q 和 R 之间的商品分配是一样的

D. 平均主义者认为这两个配置都是公平的

17. 如果对于消费者甲来说,以商品 X 代替商品 Y 的边际替代率等于 3;对于消费者乙来说,以商品 X 代替商品 Y 的边际替代率等于 2,那么有可能发生下述情况(　　)。

A. 乙用 X 向甲交换 Y B. 乙用 Y 向甲交换 X

C. 甲和乙不会交换商品   D. 以上均不正确

18. 根据题 17 的已知条件,可能发生的交易是(　　)。

A. 甲按 1∶2.5 的比例用 X 向乙交换 Y

B. 甲按 2.5∶1 的比例用 X 向乙交换 Y

C. 甲按 2.5∶1 的比例用 Y 向乙交换 X

D. 甲按 1∶2.5 的比例用 Y 向乙交换 X

19. 根据题 17 的已知条件,在甲和乙成交时,商品的交换比例可能是(　　)。

A. 1 单位 X 和 3 单位 Y 相交换

B. 1 单位 X 和 2 单位 Y 相交换

C. X 和 Y 的交换比例大于 1/3,小于 1/2

D. X 和 Y 的交换比例无法确定

20. 根据题 17 的已知条件,如果甲用 2 单位 Y 向乙交换 1 单位 X,那么经过交换以后,甲和乙的总效用(　　)。

A. 减少了   B. 保持不变

C. 增加了　　　　　　　　　　D. 可能增加,也可能减少

21. 当交换契约曲线上的点沿着曲线向右上方移动时,(　　)。
    A. 甲、乙双方的总效用趋于增加
    B. 甲、乙双方的总效用趋于减少
    C. 甲、乙双方的总效用的变化无法确定
    D. 以上说法均不正确

22. 关于交换的契约曲线,下述说法中正确的是(　　)。
    A. 发生在交换契约曲线上的任一交换行为,都会使交易双方变得更好
    B. 交易双方只可以选择交换契约曲线上的一点作为交易的结果
    C. 沿着交换契约曲线的任一交换行为,都可能在一方不受损的情况下使另一方获益
    D. 交换契约曲线给出了所有帕累托最优交换的结果

23. 生产契约曲线上的点表示,生产者(　　)。
    A. 获得了最大利润
    B. 支出了最小成本
    C. 通过生产要素的重新配置提高了总产量
    D. 以上均正确

24. 生产可能性曲线是从下列哪条曲线推导而来的?(　　)
    A. 无差异曲线　　　　　　　　B. 生产契约曲线
    C. 消费约束曲线　　　　　　　D. 社会福利曲线

25. 如果市场是完全竞争的,那么(　　)。
    A. 资源的配置是帕累托有效的　B. 经济运行在生产可能性曲线上
    C. 经济运行在效用可能性曲线上　D. 以上都对

26. 边际转换率是下列哪一条曲线的斜率?(　　)
    A. 需求曲线　　　　　　　　　B. 生产函数
    C. 边际产品曲线　　　　　　　D. 生产可能性曲线

27. 对放弃一单位某种商品,经济可以增加多少单位另一种商品的度量叫作边际(　　)率。
    A. 替代　　　B. 效用　　　C. 转换　　　D. 技术替代

28. 下面哪些计划不属于贫困救济范畴?(　　)
    A. 向低收入者提供廉价住房计划　B. 食品补助计划
    C. 医疗救济计划　　　　　　　　D. 社区公共设施建设计划

29. 当经济学家关注经济中所有成员的福利状况时,他们使用下列哪个概念?（　　）

    A. 效率   B. 生产率   C. 实际工资   D. 名义工资

30. 当一个市场是有效率的时候（　　）。

    A. 稀缺被最小化

    B. 稀缺被消除

    C. 所有人的需要已满足

    D. 不再有未被获得的能通过交易得到的好处

二、判断题（正确的填"A",错误的填"B"）

31. 局部均衡分析方法忽略了市场之间的相互影响,影响我们真正理解市场经济。（　　）

32. 将社会资源平均分配是帕累托有效的。（　　）

33. 交换的最优条件就是边际替代率相等。（　　）

34. 假定其他条件不变,如果交换的商品对双方都具有相同的边际替代率,交换可能未实现帕累托最优。（　　）

35. 无差异曲线离原点越远,表示消费者得到的效用越大。但是两组无差异曲线的切点不可能既在 A 方最大效用的无差异曲线上,又在 B 方最大效用的无差异曲线上,因而双方在切点上并没有从交换得到最大的效用。（　　）

36. 假如继续进行交换,至少还能使一方得到更大的效用,那么交换还没有达到帕累托最优。（　　）

37. 如果对于 A 方来说,增加 1 单位商品 X 所增加的效用,等于减少 3 单位 Y 所减少的效用;对于 B 方来说,减少 3 单位商品 X 所减少的效用,等于增加 1 单位 Y 所增加的效用,那么他们不可能再从商品的交换中得到更大的效用。（　　）

38. 坐标平面上的某一点如果离开生产的契约曲线,不是其中一种商品的产量减少,就是两种商品的产量都减少。（　　）

39. 坐标平面上的某一点如果移向生产的契约曲线,至少其中一种商品的产量会增加,或者两种商品的产量都会增加。（　　）

40. 社会福利函数一定存在。（　　）

三、作图分析题

41. 以两个人为例说明交换最优条件。

四、计算题

42. 设某经济的生产可能性曲线为 $y=\dfrac{1}{2}(100-x)^{1/2}$，试求：

(1) 该经济可能生产的最大数量的 x 和最大数量的 y。

(2) 生产可能性曲线向右下方倾斜。

(3) 边际转换率递增。

五、论述题

43. 试评论瓦尔拉斯的拍卖者假定。

44. 为什么完全竞争的市场机制符合帕累托最优状态?

客观题答案

第一章 需求、供给和均衡价格

第一节 供需与局部均衡

选择题

1. B	2. D	3. C	4. B	5. C	6. B	7. C	8. B	9. C	10. A
11. C	12. B	13. D	14. C	15. C	16. D	17. A	18. A	19. B	20. B
21. D	22. B	23. B	24. B	25. C	26. B	27. D	28. D	29. C	30. A

判断题

31. A	32. A	33. B	34. B	35. A	36. A	37. A	38. B	39. A	40. A

第二节 弹性及其应用

选择题

1. A	2. A	3. A	4. C	5. B	6. C	7. A	8. C	9. C	10. D
11. A	12. C	13. A	14. B	15. B	16. B	17. C	18. A	19. D	20. B
21. D	22. D	23. B	24. B	25. B	26. C	27. C	28. C	29. D	30. A

判断题

31. B	32. A	33. B	34. A	35. A	36. A	37. A	38. B	39. A	40. A

第二章 消费者选择

第一节 基数效用论

选择题

1. B	2. B	3. C	4. D	5. D	6. C	7. B	8. D	9. A	10. C
11. D	12. B	13. A	14. A	15. C	16. B	17. A	18. D	19. D	20. B
21. D	22. B	23. A	24. B	25. B	26. C	27. A	28. B	29. C	30. C

判断题

31. B	32. A	33. B	34. B	35. B	36. B	37. A	38. B	39. B	40. A

第二节 序数效用论

选择题

1. C	2. A	3. B	4. B	5. B	6. B	7. B	8. B	9. B	10. B
11. B	12. B	13. D	14. B	15. C	16. B	17. C	18. B	19. A	20. B

21. B 22. B 23. A 24. C 25. C 26. A 27. D 28. B 29. B 30. B

判断题

31. B 32. A 33. B 34. B 35. B 36. A 37. B 38. A 39. A 40. A

第三章　企业的生产和成本

第一节　短期生产函数

选择题

1. B 2. A 3. B 4. A 5. A 6. D 7. A 8. B 9. A 10. A
11. B 12. B 13. A 14. D 15. C 16. A 17. C 18. B 19. D 20. D
21. D 22. A 23. C 24. C 25. C 26. C 27. B 28. A 29. ABD
30. ABCD

判断题

31. B 32. B 33. B 34. A 35. B 36. B 37. A 38. A 39. B 40. B

第二节　长期生产函数

选择题

1. C 2. C 3. C 4. D 5. B 6. C 7. B 8. B 9. A 10. A
11. C 12. B 13. B 14. B 15. A 16. A 17. B 18. A 19. A 20. D
21. A 22. B 23. A 24. A 25. A 26. D 27. ABCD 28. ABC
29. ABCD 30. ABCD

判断题

31. A 32. A 33. B 34. B 35. B 36. A 37. A 38. B 39. B 40. B

第三节　短期成本

选择题

1. C 2. D 3. B 4. B 5. B 6. C 7. C 8. A 9. C 10. B
11. B 12. D 13. B 14. C 15. B 16. D 17. B 18. A 19. A 20. A
21. A 22. C 23. A

判断题

24. B 25. B 26. A 27. A 28. B 29. B 30. B 31. A 32. A 33. A

第四节　长期成本

选择题

1. B 2. A 3. C 4. B 5. B 6. C 7. A 8. A 9. B 10. C
11. C 12. A 13. B 14. A 15. A 16. D 17. C 18. B 19. B 20. D
21. A 22. A 23. C 24. B

判断题

25. A 26. A 27. B 28. A 29. B 30. A 31. B 32. B 33. B 34. B

第四章 完全竞争市场

第一节 完全竞争企业的短期均衡

选择题

1. C 2. B 3. A 4. A 5. B 6. D 7. D 8. D 9. D 10. D
11. D 12. C 13. B 14. B 15. A 16. D 17. B 18. C 19. A 20. C
21. A 22. B 23. D 24. A 25. B 26. D 27. C 28. D 29. C 30. A
31. A 32. D 33. C

多选题

34. ABCD 35. ABCD 36. ACD 37. AC 38. ABC

判断题

39. A 40. A 41. A 42. A 43. A 44. A 45. B 46. B 47. A 48. B
49. A 50. A 51. A 52. B 53. A 54. B 55. A

第二节 完全竞争企业的长期均衡

选择题

1. D 2. D 3. C 4. C 5. D 6. D 7. C 8. A 9. A 10. C
11. A 12. C 13. C 14. D

多选题

15. ABD 16. ABCDE 17. AD 18. CD 19. BCD

判断题

20. B 21. B 22. A 23. B 24. B

第五章 不完全竞争市场

第一节 垄 断

选择题

1. B 2. D 3. B 4. D 5. C 6. B 7. C 8. B 9. C 10. D
11. B 12. D 13. D 14. D 15. D 16. D 17. D 18. C 19. A 20. C
21. C 22. D 23. B 24. D 25. C 26. B 27. A 28. B

判断题

29. A 30. B 31. B 32. B 33. A 34. A 35. A 36. B 37. A 38. A

第二节 垄断竞争与寡头

选择题

1. B 2. B 3. C 4. C 5. B 6. B 7. B 8. C 9. B 10. B
11. C 12. B 13. A 14. A 15. B 16. C 17. B 18. A 19. B 20. B
21. B 22. A 23. B 24. B 25. B 26. C 27. D

判断题

28. A 29. A 30. A 31. B 32. B 33. B 34. A 35. B 36. B 37. B

第六章　生产要素市场和收入分配

选择题

1. C 2. A 3. C 4. B 5. C 6. D 7. B 8. A 9. C 10. D
11. A 12. D 13. A 14. D 15. C 16. C 17. C 18. C 19. A 20. A
21. B 22. B 23. B 24. A 25. B

判断题

26. B 27. A 28. A 29. B 30. B 31. A 32. B 33. A 34. A 35. B
36. A

第七章　一般均衡和效率

选择题

1. A 2. B 3. D 4. A 5. D 6. A 7. A 8. B 9. D 10. C
11. C 12. A 13. D 14. D 15. B 16. A 17. A 18. C 19. D 20. C
21. C 22. D 23. C 24. B 25. C 26. D 27. C 28. D 29. A 30. D

判断题

31. A 32. B 33. A 34. B 35. B 36. A 37. B 38. A 39. A 40. B